MY SWEET VALENTINE

原書名：河馬女的夢

情人的情人

你,愛過嗎?我還在等你

邰敏 *Tammy Tai* 著

編輯序：總有一個愛情故事，說的是妳

關於愛情，沒有固定的標準。

如果有一天某個「愛情專家」或者是「情感大師」給了妳一個普世的標準，讓妳選一個好好先生，也就是所有人口中「找個好男人就嫁了吧」裡面的好男人，一輩子不出軌、一輩子相敬如賓、一輩子眼裡只有妳，拜託妳不要聽，摀著耳朵快快逃走。

只知道按照別人給妳的標準去尋找，即便真找到了一個好好先生，他對妳很好，妳覺得他一輩子都不會找小三，或許妳也在努力說服自己，這個男人就是自己的真命天子，但妳會漸漸發現，那不是愛，那只是在完成一項任務。

一個好好先生每天背方程式一樣和妳談「公式戀愛」，然後結婚生孩子，或許妳的人生在外人眼裡圓滿了，可是在妳自己的心裡卻破碎了。

羅素有一句精闢的名言：「須知參差多態乃是幸福的本源。」這句話尤其適用於愛情。

人性是複雜的，每個人的想法和生活方式都有所不同，追求愛情的路數更是迥異，只要微笑多於眼淚，便是幸福。

也許妳遇到的人是「人渣中的戰鬥機」，身邊的女人換了一個又一個，但是他的眼神時刻在追隨著妳，在妳受欺負的時候會第一個衝上去保護妳，而不是像好好先生那樣在原地哆嗦。

那麼，妳大可以喜歡他，為他怦然心動，奮不顧身，即便飛蛾撲火也值得。

因為，愛情不是道德說教，一句我願意勝過千萬句妳應該這麼做。

如果想痛痛快快的愛一場，還要規避「假愛情」的兩種形式，一個偶像化的愛情，常被稱為偉大的愛情，錯把情愛當成了崇拜；另一種是多愁善感的愛情，這種愛情的本質就是它只存在於想像之中，而不是存在於同一個人實實在在的結合之中。

我們消費了那麼多愛情電影、小說、歌曲，天啊，對於很多人來說，銀幕是他們體驗愛情的唯一的可能性。

寫到這裡，我最想傳達的一個理念就是：所有的標準都是為了不愛的人準備的，當遇到讓妳心動的人之後，標準就不再是標準了。

更重要的是，如果妳想看清愛情的一萬個面孔，如果妳想因愛而愛，推薦妳看一看《情人的情人》這本書。

本書的作者邰敏就像是一個「愛情觀察者」，向妳講述88個聽到的愛的故事，把愛情的千姿百態原汁原味地呈現在妳的面前。

她尊重人性的複雜，不去說教，更不會給愛情設置什麼「完美」的標準。

「什麼樣的愛情才是適合我的？」

這個問題，邰敏恐怕解答不了，畢竟，每個人的生活只有一個導演——就是妳自己。

這一次，邰敏不是作者，不是旅行者，也不是模特兒。

她只是邰敏，帶著愛情的故事與妳分享；帶著她的耳朵，為妳傾聽；帶著她的智慧，給出建議。

讀罷此書，繼續行走世間時，不妨記住：

妳的美好，有人看得到；妳的夢，值得存在。

自序：謝謝你們

這本書的撰寫時間和出版日期有所間隔，以至於在這個北京的九月底，我坐在剛剛裝修好的白藍相間希臘風的電影工作室，重新翻閱這些字裡行間充滿熱情屢敗屢戰的她們的夢，又恍惚、又釋然。

恍惚於曾經在愛欲情仇裡的一日日的斟酌思量，佯裝鎮定地感謝對方的背叛和欺騙，依舊滿懷信念地書寫身邊她們的故事，像個偵探一樣去尋找那些愛的證據。並反覆地對自己說：我才不會放棄，我才不會放棄！總有一天，總有一天，我這個不美的河馬女，也會遇到我的長頸鹿男。

釋然於當下的一切，It totally makes sense!（萬事皆有因果！）聽銳如妳，自然明白這個因果。

「我很快樂」這四個字，容易淪為日後出差錯的把柄，所以當下我藏得好好的，一直不肯說。只有對妳們，我最親愛的讀者，那些一直追隨我的腳步和成長痕跡的妳們，我想說，親愛的，當下我很快樂，希望妳也是。

世界上有很多美好的東西，其中最閃閃發光最珍貴的一樣是——希望。

我們因為心懷希望，即使跌到谷底淚流滿面，也會艱難掙扎，再站起來。我們因為希望，即使道路艱險荊棘滿地，也會像神壇上的虔誠僧人，踩著火種疼痛前行。

我從來不假裝自己完美。我和所有的妳們一樣，有著各種各樣的問題。我感謝上天即使把我扔到冰水裡，讓我渾身發抖，又或者讓我衣衫襤褸出醜尷尬，但他始終大方仁慈地把希望親吻在了我的前額。我慶幸我用文字描繪了這個希望的輪廓，並且有幸作為一個寫字的人，可以傳看給更多的人。

《情人的情人》，寫的多數是些女孩的故事。但這不僅僅是一本給女孩們的書。這本書，送給所有心懷希望，或者需要希望的妳們。

這是我能給妳們的最好的禮物。

《情人的情人》是我正式出版的第八本書。很榮幸這次在我喜歡的臺灣地區發行上市。在我的成長道路中，遇到過很多臺灣的朋友。他們都很好。男士們都很仗義，女士們我經常請教如何保養皮膚。

最後，感謝我的讀者們。妳們的支持和回饋，是我一直書寫的動力。我與讀者互動不多，因為一些個人關係，微博甚至禁止評論。但其實說一個秘密：我會把妳們寫來的簡訊和微博私信拍照保存，常常被妳們的愛和支持感動。

感謝至今還素未謀面的出版工作人員戚健女士。望君子之交如水，簡單長久。

感謝我漂亮得不像話的兒子 Anton Kind 和我好得不像話的先生 Andreas Kind。

謝謝你們進入我的生命，讓我很快樂。以及讓我繼續做著那些，讓我快樂的事情。

目錄：

第一個夢　妳的美好

這愛，多麼美好。
不管做出多麼愚蠢的事情，脫掉高跟鞋追車子，
或者整夜想念，委屈到哭出聲音。
親愛的，妳正在愛，
妳已經有一些很多人一輩子沒有過的東西。
妳不知道妳有多美好，但我看得到。

第二個夢 妳，愛過嗎？

愛一個人，不是做自己想做的事，而是做對方想做的事，
比如那些對對方比較好、讓對方快樂的事情。
愛是關心和關懷。

第三個夢　傷痛

妳寧願痛的是妳。總有一天，妳會明白。

第四個夢　全世界的河馬女

每個人心裡都有一個河馬女，
期望某天醒來，就可以發現自己的長頸鹿。

第一個夢
妳的美好

這愛，多麼美好。

不管做出多麼愚蠢的事情，脫掉高跟鞋追車子，或者整夜想念，委屈到哭出聲音。親愛的，妳正在愛，妳已經有一些很多人一輩子沒有過的東西。

妳不知道妳有多美好，但我看得到。

1／1 情人的情人

大家在一起圖的就是一個高興，你哄哄我我哄哄你，何必那樣精明？
看見了也當沒看見。
我當年多麼認真，反而被認識的人當成瘋子。現在閉著眼睛裝瘋賣傻，日子倒過得輕鬆快樂。

大家在一起圖的就是一個高興，你哄哄我我哄哄你，何必那樣精明？
看見了也當沒看見。
我當年多麼認真，反而被認識的人當成瘋子。現在閉著眼睛裝瘋賣傻，日子倒過得輕鬆快樂。

她也算一心一意愛過她的先生。

初識時兩人都年輕窮困，她在工廠當工人，他每天琢磨著做生意。

她一心一意愛他，每天中午休息的時候騎車幫他送飯，發了薪水買毛線，一下班就開始織，他的圍巾、毛衣、毛褲，每一件都是她親手打的。

她認定了是他。但他窮，她家裡不同意，父母之命大過天，於是她和他私奔，他要創業，她四處借錢，結婚前，她已經拿掉了三個孩子。

他聰明機靈，終於殺出一條血路，家境好轉，他卻開始出軌，一次兩次三次，甚至當著第三者的面打她。

吃了一百片安眠藥，她還是醒了過來，一次兩次三次，她變得瘋癲，見人就哭，別人則見她就躲，都說她瘋了。

她捶心卻哭不出來。這顆心，算是死了。

說起這段這段故事，她依舊眼睛會紅。

她說，「我不能讓人家說我是個神經病。我一定要好好活下去。」

她的心，突然轉到穿衣打扮吃喝玩樂上，以及尋找其他寄託。

他在經濟上絕不小氣，每個月幾十萬零用錢，只用喝下午茶和買喜歡的小東西。房子是最好地段，車子是 Bentley 跑車，三個小孩子分別由三個傭人照顧。

他是知名人物，雜誌整版整版的報導，他在報紙上非常莊嚴的表示：「我愛我的家庭。」

她一笑置之，照舊在家當賢妻良母，對面的男人，卻是不愛了。

玩了幾年之後，他也知道這輩子最愛他的是家裡的她，於是情人節的時候，送了九百九十九朵玫瑰。

朋友在旁邊羨慕讚嘆，她表面上嘻嘻哈哈，私底下卻說，「之前太多傷害，不可能再愛了。」

他照舊在外面有情人。兩個人分居，各過各的。她也開始有情人，一個兩個三個……多數是要她的錢。買手機，買衣服，房子頭期款，或者家人生病。

她也不在乎，就讓他們赤裸裸的詐詐。

後來，她遇到現在的情人。對方是地產大亨，喜歡的是她這個人，兩人都有家室，也都不打算離婚，於是穩定秘密交往，一年兩年三年。

某天，她突然在飯桌上一言驚人，「他有別的女人。」

大家都沉默了，知道這段感情對她來說，算是難得認真交往的一次。

她一笑，自己替大家解圍。

「我連他有太太都不計較，何況是別的女人？大家在一起圖的就是一個高興，你哄哄我我哄哄你，何必那樣精明？看見了也當沒看見。」

「我當年多麼認真？反而被認識的人當成瘋子。現在閉著眼睛裝瘋賣傻，日子倒過得輕鬆快樂。」

我們讚嘆她活成了精。

不知道在哪裡的先生如果出現，她當他是會移動的家具。

情人，一個會讓她笑的伴侶。

情人的情人，於她，只是早上醒來枕邊的那根長髮，看看不是自己的，隨手拿起來吹口氣扔到地板上就算了。

1／2 謝謝你曾經騙過我

每個女人都有自己的傳奇。
而我的傳奇，是少女時候的一次退學。
實際上，如果再見到他，我想我會謝謝他。

她高中三年級的時候，認識一個男人。對方已婚，大她十五歲。
他們開始交往。
男人和她在一起的時候，對她很好，餵她吃東西，寵她。
他們每次見面都是在酒店的房間，做愛，離開。
她以為，這是愛。

高中畢業之後，她去美國念書。人生地不熟，每天很可憐，唯一的安慰就是寫信打電話給他。
大二的時候，某一天晚上，她寫信給他。
我不能再等了。

等我畢業，還要三年以後，這三年，誰知道你會遇到誰？也許你會遇到別人，不再愛我了。

我已經過了生日，二十一歲。我想回去，我想和你一起，我們可以結婚。

隔天，她辦了退學手續，收拾行李，買了機票。上飛機之前最後一次檢查郵件，他回信了。

我要出差，妳回來了也看不到我。

另外，我從來沒有愛過妳。

她不相信，上了飛機，回國之後，對方果然沒有出現。一心一意要譜寫的篇章突然斷裂，她站在機場，不知道要去哪裡。打電話，對方沒接，再打，他接起電話，卻罵她是瘋子。只不過是玩玩而已。他沒有想到她會這樣投入，他沒辦法負這個責，她完全嚇到他了。

她退學了，不敢回家，也不知道回美國做什麼，於是跑去一個小城市，租了房子住了下來。

哭了很久很久很久，一個月兩個月三個月，第五個月的時候，她終於買了機票回美國。

年輕最大的好處就是可以從頭來過，她申請了另外一間學校。

她年輕漂亮家境好，一切看起來都很完美。只是她不再信任男人，並且把愛和性分的很清楚，她可以和一個完全不愛的男人做愛，隔天就不再接他的電話。

有的時候，她想，她要謝謝那個男人最初幫她上了一課，最壞的人她已經見過了，之後，再也沒有人能夠傷害她。

十年之後，她成了很有名的投資專家，看男人也看得清楚，誰真心誰玩玩，她成了一個有智慧又會看人的女人。

後來，她認識了一個很好的男人，有一顆黃金一樣的心，她結婚生子。

她說，「也只有十幾二十歲的時候，才會做幼稚發瘋的事情，突然改變自己的人生，衝到一個完全不知道的地方。如果當年他去機場接我，我的人生，可能會完全不同。」

每個女人都有自己的故事，而她的故事，只是一次退學，一次痛徹心扉的傷害。這改變了她的性格、命運或許整個人生。

「實際上，如果我再見到他，我想我會謝謝他。」她說：「謝謝他曾經不要我，謝謝他曾經欺騙我。」

1／3 初戀，情人

年少時候那個甜蜜的初吻，多美好。
有些事情，不發生，比發生更美。

她是他的初戀。

那時候，她國小五年級，他國中一年級，兩家住得很近，兩個人常常一起回家。

她上了國中，他們讀同一間學校，理所當然的一起上學。懵懂的心裡，他們彼此喜歡。高中一年級某天一起回家，黑黑的巷子裡上，他突然吻她。

之後她搬家了，然後去外地讀大學。他們就此失去聯繫。

再次遇到，他們喝了一次咖啡。

她已為人妻，有個三歲的男孩。他也已經結婚，家庭事業穩定。

終於在人群中找到他，她欣喜若狂。回到家中，丈夫在身邊，她卻夜不能寐。

見了幾次之後，忘了怎麼發生的，他們上床了。

她說，「我們的狀況大家自己都知道。如果有一天分開了，我希望我們依舊可以做朋友。」

第三次上床之後，她惶惑了。

她每天都想起他。傳簡訊給他，如果他回得慢或者短，她就開始生氣鬱悶。

「我知道他沒有那麼愛我。我是不是應該搶先離開？」她問我：「男人會因為性而生愛嗎？」

初戀變成了情人。青春的美好懵懂變成了成人的慾望情愛。帶著罪，帶著內疚，提心吊膽，並且開始懷疑小時候那個英俊男生，如今只是貪圖她的身體。

她後悔了，有時候會寧願從來沒有再遇到過他，或者遇到之後只是雲淡風輕，親吻一次面頰就回到自己的生活。

年少時候那個甜蜜的初吻，多美好。

為什麼一定要偷一次情才肯罷手？

有些事情，不發生，比發生更美。

把曾經的初戀變成現在的情人，不是一個好主意。

成人的世界已經夠麻煩了，讓我們記憶中好的東西，多留一些吧。

1／4 摘掉戒指的理由

世界就是這麼又對立又精彩又奇怪。

有了戒指的時候，女人卻把它從左手換到右手，或者乾脆不戴。

某個男性朋友來信：「妳記得S嗎？上個禮拜我們通電話，她依舊是演員，而且還沒有結婚。」

我當然記得S。聽起來S的生活沒什麼變化，除了一件事：她應該已經結婚三年了。

已經結婚三年，卻告訴另外一個男人沒有結婚，多少有點不可為外人道的意味吧。

我的某些已婚女性朋友，每次出門都把戒指從左手換到右手，我也心照不宣的從來不談她們的婚姻狀況。我不能說她們已婚，也不想說她們未婚，於是有人問起，我統統微笑回答，「你問她自己吧。」

是對現在的先生不夠滿意嗎？如果這樣，為什麼要結婚？

很多也不是，說起現在的先生也是滿意，只是她們想要享有更多福利。

有個朋友解釋她不戴戒指的理由：出門，說自己單身會受歡迎一點。

戒指戴上去，妳就從男人追捧的單身女郎變成了中性人，不會再有男生送花給妳，約妳去旅行或者浪漫晚餐，所有親密、曖昧有關感情的字眼一概消失，生活只有先生家庭孩子，所有單身女郎曾經享受過的美好，離妳越來越遠。

「女人怎麼可以沒有戀愛？」她們說，「女人怎麼可以離開男人的寵愛？」

於是，她們把戒指藏起來。

已婚女人經常對單身女人說：「妳現在這樣多好，想見誰就見誰。我如果是妳，一輩子都不結婚。」

這個世界就是這麼又對立又精彩又奇怪。

沒有戒指的時候，我們美容健身化妝購物，修飾外表提高內在，好像全部就是為了某天有個男人捧著戒指單膝下跪。

有了戒指的時候，我們卻把它從左手換到右手，或者徹底不戴。

1／5 不敗的戀人

死去的戀人是不敗的。他們用短暫的生命，寫下了所有人渴望的永恆。

他是一個排球運動員，又高又帥。他一生中所有的事情都是走一步看一步，唯一的計畫並且計畫得很好的一件事情就是和他的女朋友結婚。

去年，他老婆生病去世了。

他是一個成功的證券商，外型不錯，有品味，懂生活。身邊的女孩子來來去去，卻從來沒有任何固定的女朋友。而且，他從來不和任何女孩一起過耶誕節。

後來我才知道，他以前的女朋友，耶誕節的時候出車禍死掉了。

他是一個ＩＴ工程師，踏實努力工作，每個週末都出去和友郊遊踏青，從來不談戀愛。他和以前的女朋友在一起十年，兩個人都可以為對方去死，沒想到她真的出事了。

他沒有能力換她回來。

他們一概很久不去戀愛。

無法忘記的愛人，無法超越的前任——那個人，已經死了。

對方以一個絕然的不可改變的方式，把你一個人留在原地，不管你怎麼懇求都再也不能挽回了。

你想起對方的時候，什麼都是好的。即使她以前再任性刁蠻，你都會後悔沒有成全縱容。沒有未來的瑣碎生活將你們的甜蜜耗盡，於是時光定格，一切都美得不可思議。

只能愛她，溫柔的回想她，你也不會怪她，她愛你到生命最後一秒。要怪，只能怪殘忍的命運。

因為在最美的時候落幕，一切都變得完美而不朽。

她們永遠是他們內心最情深意重的一頁。

什麼樣的新伴侶，才能追得上以前戀人的影子？

死去的愛人，是永遠不敗的戀人。

她們用短短的生命寫下所有戀人渴望的永恆。

而又有什麼人，能夠超越一個死掉的愛人？

下一任，最幼稚的是和死人爭風吃醋——妳肯定超越不了她，只能陪著他一起緬懷傷神。

妳愛她，他會覺得妳愛他，因為不幸早逝的前任，已變成他生命中的里程碑。

我另外有個朋友，之前有個很好的男朋友。他們很愛很愛。後來，再也沒看見他。問她怎麼了，她說他死了。

我們都很遺憾。這麼好的一對，老天不成全，希望她早早走出傷感，開始新戀情。

後來才知道，男人沒有死，他們分手了。

起初我不明白她為什麼要說他死了，後來我才明白，有些時候，我們很愛一個人，他卻背叛離開的時候，我們寧願他死掉好了——這樣至少保護成全了曾經的愛。

如果上帝真的站在我們面前，讓我們選擇：他死掉，或者忘記妳。

真的愛過，都會選他活著。只要你快樂，真的只要你快樂，忘了我也可以。

1／6 好的愛情都簡單

好的愛情，都是簡單的。
不好的愛情，各有各的複雜。

「我已經暗戀他很久了，卻從來沒有機會一起吃頓飯。」A說。

「喜歡他，就告訴他。」我說：「但是記住，表白一次就好。對方喜歡妳，就開始。不喜歡，轉身離開吧。」

「我不知道他是我的主菜，還是主菜之前的開胃冷盤。」B說。

「想不清楚就別想了。」我說：「如果妳現在肚子餓，不管主菜還是前菜，先吃了再說。如果前菜就能讓妳吃得飽，跟主菜又有什麼差別？」

「我們的關係很奇怪，明明在一起，但他不給我任何承諾。」C說。

「妳到底要什麼？承諾還是在一起？」我說：「如果沒有承諾，妳就什麼都不要？」

我們的身邊，充滿了各式各樣奇怪的關係。

有人一路暗戀或單戀，有人忙著大玩曖昧，有人把男女朋友該做的事情都做光了卻從來沒有承諾，有人相戀卻又有各式各樣的暗疾。

愛是最簡單的東西；好的愛情，都是簡單的。

兩個人一見面，兩雙眼睛一起發光，剛離開就歡喜想念，盯著時間等著和對方見面。或許第一次約會就會牽手接吻，戀愛，百分之百的分享和忠誠。

好的愛情，讓妳想起來就滿心甜蜜。

我的個人經驗是，如果妳的愛情充滿了猜測、忐忑、不安、懷疑、鬥爭、彷徨、困惑、傷心、痛苦，離它遠一些吧，這樣子的愛情，從來沒有美好結局。

每段戀情都有煩惱，但必須以開心快樂甜蜜為序曲以及主調。

如果你們的關係，因為很多因素，從一開始就註定不可能是段簡單快樂的戀愛，那麼，儘量讓它變得簡單些吧。

找出妳最想要的東西，看對方是否能夠滿足妳。

如果對方不願或者不能，妳就可以提早以比較不傷心的姿態離開。

愛是甜蜜的，但是在愛中彷徨煎熬，以及快樂的單身，哪個好一點，我們都心知肚明。

好的愛情，都是簡單的。

不好的愛情，各有各的複雜。

1／7 甜蜜的煩惱

沒有誰可以讓另外的誰誰誰百分之百滿意。
戀愛中的人，總是以愛情為藉口做出很多任性而無禮的事情。

「最近好不好？」我說。

她回答，「什麼都好，除了戀愛。」

我以為出了什麼驚天動地的大事，她說：「他送我一對Tiffany的耳環，不是我喜歡的款式……我想去唱KTV，他陪我去，卻坐在一邊，死都不拿麥克風……他不知道我的世界，不了解我的喜好，不肯加入我的遊戲……這樣的男生，我怎麼和他交往？」

她很委屈。

我更委屈。但我實在不好意思掛電話。

當然，我不擔心我的朋友。他們之間的煩惱是甜蜜的。

有這麼一個人，每個禮拜陪著妳五天七天，猜測妳喜歡的東西，買下來，只為了讓妳笑。不喜歡唱歌，卻肯陪著妳坐在小小悶悶的包廂裡面。

這個時候，應該感謝多過抱怨吧。

親愛的，我們都各自長大成人，並且在漫長的成長中已經習慣以自己為中心獨立旋轉。他和妳的愛好興趣相投的可能性少之又少，這個時候，如果對方肯為妳安排改變自己的計畫，為妳做一些事情，應該感謝吧。

換個角度。

如果妳去買一條 Versace 的領帶給他當禮物，對方說妳買的不是他喜歡的款式，妳怎麼想？

如果他哪天迷上養蛇，而看到爬行動物就噁心的妳肯陪他去蛇屋參觀，對方卻抱怨妳不肯和蛇親熱，妳怎麼想？

戀愛中的人，一貫的索取，要這樣要那樣，總是不滿意。

沒有誰可以讓另外的誰誰誰百分之百滿意。

戀愛中的人，總是以愛情為藉口做出很多任性而無禮的事情。

總是忘了說謝謝，總是抱怨不夠好。

於是很多時候，妳會失去他，然後，妳會明白他的好。

1／8 愛情私房菜

菜名：心碎
材料：紅棗、栗子、蘑菇、西生菜。
做法：將宛如心臟的栗子燉到碎成兩瓣，用紫色的心型盤子淒美無比地盛裝。
菜名：永恆承諾
材料：黑豆、蜂蜜、起司、冰糖。
做法：把黑豆打成豆漿，加水加蜂蜜加起司加冰糖，煮到濃得化不開。

我想要開一間餐廳，名字叫「愛情私房菜」。燈光溫柔氣氛浪漫。裡面分為兩個區域：單身區和情侶區。

靠門口的區域的區域是單身區，所有單身的人或者剛開始約會的人坐在這裡，桌椅間的距離不會離太遠，方便談話認識，餐後可以一起喝杯酒，明明白白的標籤，明明白白的機會，多好。

餐廳裡面則是兩個兩個位子隔起來的情侶區，桌面上一年四季著盛開的花朵、水晶杯和暖色琉璃桌燈，冬天有壁爐取暖。情侶區只有確認關係或者已婚人士才可以進去，否則多少錢的生意也不做。進去情侶區之後，妳只能看到對方，看不到也不可以看別人。

菜的名字和賣相都已經想好，菜名全部跟感情有關，淒慘一點的比如「心碎」，用紅棗、栗子、蘑菇、西生菜燉成，栗子像極了心臟，燉到碎成兩瓣拿出來用紫色心型盤子淒美無比的盛裝；甜美一點的比如「永恆承諾」，黑豆打成豆漿加水加蜂蜜加起司加冰糖煮到濃得化不開。「年年有你」，烤香魚放檸檬汁，年年有魚年年有你。

除此之外，應大眾要求，一定要做一道菜叫「小三」，大龍蝦不去殼加朝天椒燉煮後鋪在美麗的甜品上，吃的人要帶著一顆恨死的心，快快把龍蝦拿下來，剝殼吃掉。

菜名還有「一月」、「二月」……到「十一月」，之後是「一年」、「兩年」、「十年」、「二十年」，來的人可以根據他們交往了多久點菜……

「先生，女士，這是你們的『十三年』。」服務生上菜。多有趣。

人生迢迢，天天走來，有人每天吃速食，有人在家精心烹調，有人在永恆承諾，有人心碎，有人祈禱年年有你，有人面對著小三，看著辛辣的湯汁滲透到甜點上卻無能為力。

身為大廚，我唯一的問題是：如果有一天，一對手牽手的白髮夫婦走進來，告訴我一個驚人的數字，比如充滿酸甜苦辣的五十年或者八十年……

什麼菜，什麼料，才可以做得出——或者說，才可以配得上他們？

1/9 完全不在意

一段感情中，殺傷力最強的是看似親密，
實際上不珍惜不在意。

他是個浪子，很小就在娛樂圈，外表花哨，形跡輕浮，常常party幾天幾夜不睡。大家都覺得他玩得太凶了。

她是個安分工作的上班族，相貌姣好，家境殷實。

他們認識很久，他偶爾會說些話調戲她，抱抱她，親吻她的臉。她會笑笑把他推開，她覺得他對所有女生都是這樣，從來不放在心上。

有一陣子，他突然不理她了，過了半年，兩人重新相遇。

他情不自禁，拉著她的手放到他的臉上。她清晰的感覺到男人的慾望，彷彿餓到胃穿孔的人看到了一塊奶油巧克力蛋糕。

電光石火之間，她突然明白：點燃慾望的，是她對他曾經沒心沒肺的親密。

一秒鐘的親密，一秒鐘的疏離，日日下來，他已經被點燃。

看似親密實則完全不在意，是一種太有殺傷力的誘惑力，就像是包著糖衣的糖衣。妳並不覺得怎麼樣，對方已經被挑撥到極限。

如果真得很想得到一個人，不妨試試看：和他很好，很親密，同時又完全不在意。

1／10 拍照的那個人

一個女人突然多了很多照片，而且每張照片都容光煥發，眼神動人，原因只有一個：那個剎那，拍照的人，深深愛著她。

朋友多了很多新照片。

鏡頭下的她擺著各式各樣的姿勢，有的用 Photoshop 處理過，各式各樣的顏色，各式各樣的效果。

在自己愛的人面前扮著千面女郎，應該是蠻開心的事情吧。

知道那個人深深關注自己的一顰一笑，想留下自己最美的一瞬間，小小的心裡，是滿足而欣慰的吧。

看著這些照片，我注意到的，反而是拍照的那個人。

你看不到他出現在畫面中，他費盡心思，想把她放在最好的位置。

那個剎那，他的整個世界，就是她。

這個剎那，她得到了他的全部關注。

每張照片後面，都有一個故事。

看得到的是照片上鮮亮的笑容，實際上看不到的是拍照的那個人。

很多時候，他才是故事的關鍵。

對著自己深愛的女人，每個男人都會變成天生的攝影師。

女人最美最自然的一面，也最容易在情人面前綻放。

1／11 好女孩，壞女孩

好女孩帶你上天堂，壞女孩自己上天堂。

J小姐很會撒謊。

她從來沒有去國外讀過書，也沒有任何名校背景，但她就是可以神情自若告訴別人她在新加坡讀MBA。

J小姐很會利用男人，交往期間一定是男方負責所有費用，和每個男人分手，她都拿到了一筆不菲的分手費。有用的人飛快搭上，沒用的人看都不看。工作經歷平平，除了偶爾兼職夜店公關，幾乎沒有工作過。

但是J小姐總是能得到她想要的一切。

我認識J小姐快十年，看她一路走來，十年前她住在五六千元的套房裡，現在已經買了幾棟房子；之前是小酒吧的經理，現在是跨國公司的亞洲區總監，周遊各個派對，到處風光搶眼亮相……

對她，我沒有任何壞評價。有心機有什麼錯？追求想要的東西有什麼錯？難道一定要純潔善良美麗不撒謊不勢利才算好人生嗎？存在即是合理。

我和J小姐曾經非常親密。後來開始疏遠，是由於我們都認識的一個男生對我抱怨，J總是對他提出金錢要求。我小時候比較嫉惡如仇，看到J這個樣子，一方面想我要自己努力賺錢，一方面怕別人覺得我也是勢利女，就和J疏遠了。

我的其他朋友，有些家境不菲，有些家境普通，但是無一例外，她們都是單純善良的女孩。像我的朋友X說她男朋友問她要不要錢用。她慌張回答不用。

「我和他約會，他給我錢做什麼？」她奇怪的問我。

真的。妳要什麼就會得到什麼。只要妳想，只要妳確實想要。

不能說J小姐不好，也不能說其他女人多高尚。

只是，每個人要的東西不同。在某些方面，J是個成功人士，而且英雄不問出身。忠實講，我對她的佩服多過反感。

能夠得到自己想要的東西，不管用什麼手段，都是本事。

我們這些沒有本事的人，也不用覺得她哪裡不好。

為她高興，然後，過自己的生活就好。

1／12 為什麼要對你掉眼淚？

你難道不明白是為了愛……與悲哀？

W穿一身白色波希米亞寬大上裝，配一條白色緊身短褲，腰部是搖曳的白色腰帶，頭上戴一頂超大的黑色寬簷法式帽。

在一大群派對女生中，W是男人會多看兩眼的女人，白皙的臉，煙燻妝，看起來像個日本小女孩。

我們在一起的四個小時，她有三個半小時在抱怨她男朋友。

「他是我見過最自私的男人。」W說。

他們在一起三年多。她為他拒絕了很多追求者，兩個律師、一個醫生。

他有很多問題，W最不能接受的，是他的小氣。

兩個人在一起三年，所有事情都是AA制，房租水電吃飯，甚至做家事。

他會收拾一半的房間，然後把剩下的一半留給她——最經典的案例：他們養了一隻貓，他把地上的貓尿擦了一半，剩下一半留給她擦。

晚上，他們一起坐計程車來這個派對，她付來的錢，他付回去的。

「有一次，我不餓，陪他出去吃飯。」W說：「低消兩百元，我身上只帶了一百五。他說，『那妳今天晚上沒飯吃了。』。」

他是加拿大人，一直說她應該去他家看看，然後開始幫她計算一個月的旅行要花多少錢，從機票到吃用，在沒有任何購物的情況下，他說，「親愛的，這趟旅程妳需要準備十萬元。」

他們看起來風光體面。男人穿一件粉色襯衫和一條牛仔褲，他們一起牽手進場，金童玉女一樣。他大方把W介紹給每個人，說，「這是我的女朋友。」有空的時候，他會親吻W的臉，看起來很讓人羨慕嫉妒恨。

W對我說，「我很快就要搬出去了。」

她的男朋友我也認識，所以有些話我不大方便直接說……比如「你們分手吧」之類的。

但我想說的是，我們都是好女孩子，我們沒有讓男朋友買房子買車子買五克拉的鑽石。一路走來，甚至已經習慣了自己付自己的帳單。

他希望ＡＡ制，W接受了。三年一路下來，惡化到現在這樣。

和妳在一起三年的男人，不肯為妳付五十元。

心寒嗎？算了吧。

「三年的時間。」W面無表情，「我最好的三年。」

悲哀的不僅僅是W。你剛剛吻過的女朋友，正在持續對我描述你的自私和無情。聽不懂中文的你依舊拿著飲料樂呵呵的。

最後，我的結論是：

如果和妳約會或交往的男人，有和妳ＡＡ制甚至讓妳買單的打算，就不要再見他了。另外，不想浪費時間，不妨聽聽他前女友的看法。

1/13 All you need is love

我生來是為了愛你，寶貝，一如你生來是為了愛我。

我很小的時候，有個好朋友。

她的家境很好，爸爸是個藝術家，他們家住在別墅裡，家中都是紅木家具。房間地板漆成紅色。她有著微微捲曲的長髮，漂亮的大眼睛，白皙的皮膚，總之，她是我少女時代所知的，唯一一個配得上「白雪公主」這個詞彙的女孩。

上一次聽到她的消息，是從父母口中。

一年前，她和一個男生交往，男生帶她去飆車，出了車禍，男生當場死亡，她則進了醫院，腿部受傷變成殘廢。我去醫院看她，她已經可以直立行走，看起來和常人無異，但是仔細觀察，還是會發現她兩腳著地時起伏不平。

為了治療，醫生用了很多賀爾蒙，她整個人發胖臃腫，唯一和以前一樣的，就是那雙會說話的大眼睛。

我們兩個人去吃飯，說起前塵往事，感嘆唏噓。

走在街上，她突然感嘆了一聲，「我好想還可以好好的戀愛一次。」

我看著她，就像看著外星人。

如果我愛的男人當場死在我的面前，我這一輩子，再也不要愛了。
太痛了。那麼痛那麼痛那麼痛。妳身體還沒好，就想要再戀愛了？
我完全不能掩飾驚訝，這是我不能理解的事情。
為什麼有這麼多人，自討苦吃，要去愛？
男朋友死掉，妳殘廢，如今剛剛可以走路，身材沒有恢復。
為什麼妳能這麼有勇氣？

前些日子，看到一個朋友的臉書上有一段分手文。
字字動心，卻不會讓人傷心。
那些讓妳銘記在心的事情，讓在一旁的我都覺得美好。
突然想起那個晚上她說的話。
愛，縱然傷，傷的時候也是美好的。
因為怕受傷，所以一直不去愛，是完全不值得鼓勵的做法。

愛裡，不管是好事情還是壞事情，妳們的眼淚和甜蜜，都讓在旁邊的我覺得微笑而幸福。

愛，多麼美好。

不管做出多麼愚蠢的事情，脫掉高跟鞋赤腳追車子，或者整夜委屈到哭出聲音。

親愛的，妳在愛，妳已經有一些很多人一輩子沒有過的東西。

妳不知道妳有多美好，我看得到。

花火 1/14

無所謂短暫，無所謂永久，
無所謂快樂會緊接著傷痛。

我認識一個女生，每次和她碰面，她的身邊一定會有一個新的男生。

「這是我男朋友。」

同樣的話，不同的人。我數了數，認識她一年多，我見過的「男朋友」最少也有十幾個。

她並不是那麼善良純真。

和A在一起，然後有了B的孩子。事情曝光之後，供她吃供她住的A覺得被騙，趕她走。她打電話給我，聲音驚魂未定，說A要她還錢，要殺了她，想來我家借宿。

半個小時之後，她出現在我面前，牽著C，說：「這是我男朋友。」

這種女人，很多人會罵她婊子，但我驚嘆於她驚人的生命力。

她很狠。把男人當成衣服一樣。

我相信她不是騙，她就是愛玩，一下子喜歡這個，一下子喜歡那個。

有時候會覺得她太隨便太膚淺，但是作為朋友，我習慣了去看對方的優點和替對方解釋。

年輕的時候，都比較荒唐。

當然，我也想不通，為什麼她能這麼容易就愛上一個人，又這麼容易就可以不愛一個人。我想，有一天我要寫一本書，講講這些女生——有些人做出來的事情，你怎麼樣也想像不到的。

不管怎麼說，她身邊總是排滿了男生。她也不是多美，只是她身上有著一種愛的氣味。她的眼神，她的舉止，她說話走路的方式……所有抱怨桃花運不好的女生，都應該和她學習。

也許人生就是這樣，你想要什麼，你就會得到什麼。

1／15 不能說的秘密

真正不能說的秘密其實是你不知道自己有多笨。

這部電影，我看了十分鐘就覺得超級白兼小兒科，關掉了。後來實在找不到好看的電影，接著繼續看，沒想到意外動人。

「那天舞會上，你不是一直自己跳舞嗎？」

小倫呆在那裡，一幕幕串起來，原來別人都看不見她，原來那些都是他自己的世界……

我以為這是一個幽靈鬼怪的故事，結果，回程就在音樂裡。

再看一遍，開頭那些沒有什麼道理的場景，無聊而熱情的女主角——我不明白她為什麼對一個男生傻笑——都有了解釋。

原來故事是這樣的。

不能說的秘密。不能說的，秘密。

這是一部幼稚的，執著的，沒道理的片子。他們看到對方，然後相愛，然後沒有道理的賭上自己的一切。

整部電影沒道理，因為年少時候的喜歡就是沒道理。

沒道理就想多看見對方，沒道理就開始約會，不用知道性格背景年齡家庭，甚至名字都不用。

成年之後，我們需要在正常場合認識，我們需要認識他的世界，最好有共同的朋友，可以知道他的為人，要了解對方的性格、愛好、工作習慣、周邊人群。最關鍵的是，需要兩個人一起消磨時間，逐漸產生感情。

我為什麼愛你？因為我傷心的時候你在我身邊，因為我們分享分分秒秒，因為你愛我——愛變成了可以解釋的有原因有道理的事情，一見鍾情這種沒道理的事情，我們再也做不出來了。

不能說的秘密，打動的正是循規蹈矩的我們，萬事要有理由的我們。

可是，打動了又能怎麼樣？看完電影，總要回現實生活。

現實生活中，我們晚上十一點睡覺八點起床；現實生活中，我們戀愛前要先想之後會怎麼樣；現實生活中，如果有個人——不管他是不是穿越時空來的——站在我們對面傻笑，每天都來找我們說話，我們不但不會理他，反而很有可能被他盲目的熱情嚇得退避三舍。

看，現實生活中的我們永遠是那麼無聊，那麼清楚明白，那麼自以為是的有條理。

真正不能說的秘密，其實是：妳不知道妳自己有多笨。

一個禮拜，也許可以有半天，妳不用按照道理做事。

這樣，也許妳會可愛很多，妳的生活也會有趣很多。

1／16 失眠夜

就是在一個失眠的夜，我才會對你特別思念。

「最恐怖的事情就是半夜被人吵起來，對方說睡不著，然後找我聊感情。」

C小姐說。

「打電話還好，應付安撫個幾句，掛電話就關機。如果這個人半夜來敲妳家門，或者乾脆就躺在妳身邊，或者滿懷委屈，或者柔腸百結，或者眼淚汪汪，堅持說吵醒妳是因為在乎妳……媽的，那一瞬間，我恨不得逃到外太空，或者有什麼魔術，把對方弄消失算了。」

C小姐說。

「有時候，覺得這些人瘋了。想想，這樣的事情自己也做過。因為對方隨口說的一句話整夜不能睡，叫他起來，被他罵，結果哭了半個晚上。」

原諒那個把妳吵醒的人吧。

以後的事情不知道，但是那一剎那，他是愛妳的，否則他會去看電腦看電視，也不會找妳講話。

身為一個被吵醒的生氣的不耐煩的倒楣鬼，妳是一個幸運的混蛋。

一生中有很多日子，你會一個人睡到天亮，今天晚上，妳就從了他吧。

如果他被吵醒後，不問發生什麼，不抱妳不哄妳，只是生氣質問，「我要睡覺！妳要幹嘛？」

別的事情不知道，但他不愛你，或者沒有那麼愛妳。

所以他會覺得妳不可理喻，覺得妳不懂事，覺得妳自私。

原來，半夜去吵醒他，是因為妳深深被他愛著。

如果不是，識相一點，讓他睡吧。

1/17 長痛與短痛

你很好，都是我的錯。

「你永遠都不是我的菜！」

這是我聽過最慘烈的最毫無機會的拒絕臺詞。

和我分享這段人生經驗的D先生說：「當然，被這麼狠狠拒絕，最大的好處是你真的再也不會想這個人了。」

開始不接對方的電話，不回覆對方的簡訊。

如果對方要求見面，告訴他，「對不起我現在沒有心情談戀愛」，或者，「你很好，都是我的錯」。

曾經也有人對妳說過同樣的話。那個時候，妳就是不明白為什麼。

既然我很好，為什麼都是你的錯？

直到妳準備開口這樣告訴別人的時候，妳突然懂了。

你很好，可惜我不喜歡你。

所以你幫我做什麼，都是沒用的。

你很好，可惜我還在想別人。

所以你對我多好，都是沒用的。

如果他告訴妳，他不喜歡妳吃飯的樣子，他不喜歡和妳打球，他不喜歡幫妳做這個這那個，恭喜妳，你們的感情還有生機。

最怕有一天，他只是說妳很好，都是他的錯。

如果他沒有說妳哪裡不好，只是說妳很好，大概就沒藥救了。

因為他不愛妳了。

當他說妳不用改的時候，表示妳怎麼改都沒用了。

妳多好都沒用了。

相當含蓄，卻也相當傷人。

被慘烈的拒絕，一定不是最傷妳的。因為妳只是傷心一次，傷心一下。

最傷妳的，是對方從來不拒絕妳，卻一次次把妳的心踩在腳下。

這樣講來，直接拒絕妳，反而是值得尊重的。

「我不想騙你，不想利用你，不想浪費你的時間和感情。」

看，這句話，妳也會說。

一點點無奈，一點點遺憾，卻又這樣的心安理得，理直氣壯。

一點內疚都沒有。

1／18 幸福的基本條件

幸福不是每一天都有，別讓你們的愛在吵鬧之後變成泡沫。

W先生交往五年，結婚五年，大家都說他們是最幸福的夫妻。他們也吵架。

W以前交過很多女朋友，幾週，幾個月，幾年，也沒怎麼吵就分手了，和她是吵得最多的一個。

有一次他們在計程車上吵架，吵啊吵，W一衝動，開了門就下車了，身上沒帶半毛錢，他氣得渾身發抖，在路上走啊走，走了很久才到家。

他們同居第一年吵得最凶，好幾次她拿著東西說要搬出去，說要分手。

交往第五年，W計畫好了，帶她和一群朋友去馬爾地夫，最後一天求婚。也不知道為什麼，第一天晚上，他就拿出了結婚戒指。

結婚五年了，最近一次吵架是W某次出差，夢見女同事和她男朋友分手。W覺得好怪，打電話告訴她。結果她說，「你幹嘛夢見她和男朋友分手？你是不是對她有意思？」

W說她無理取鬧，結果兩人一頓大吵，她掛了電話。

以前，W肯定會打回去，但是這次他沒有，因為她傳簡訊說：「我們這兩天冷靜一下吧。」

W沒有回，飛機上，他想，會不會回去還得看她擺臉色？

到家之後，她開門，不知道為什麼，看到她，W突然就抱著她，哭了。

在一起十年，還會為了你夢見別的女人而生氣，一定是愛你的吧。

（當然，後來W才知道，那個女人確實對他有意思，他不知道，但她知道。）

你很可愛，在飛機上還想著該怎麼辦，見面之後卻只是抱著對方哭。

怎麼吵都不會分開，是因為愛吧。

愛你，所以不會生你氣吧。

愛你，所以會原諒你吧。

愛你，有什麼問題，我們一起解決吧。

W說：「怎麼可能沒有問題？吵一次傷一次，兩個完全不同的人，慢慢學會去包容和諒解，慢慢知道對方的底線是什麼。我和別的女朋友才懶得吵這麼多。每一次吵完，我都會去哄她。」

沒有一件事情是白費的。他們安穩過了十年，結婚五年，決定要個小孩子。

一起度假，她總是給他意外禮物。

週末在一起看電影。

上班很累，但是回到家，總是覺得值得。

沒有誰的愛是容易的。

幸福有很多條件，最基礎的三個是：愛，容忍、原諒。

三者，缺一不可。

幸福，絕對不是從天上掉下來的。

1／19 終於說出口

那一剎那，妳就是神力女超人。

「最大的問題是，他從來都不知道我要的是什麼。」Z小姐說。

她總是覺得他太優秀了，總是覺得她不夠好，在他面前經常說不出話。

但她想和他在一起。

說出這句話，她花了一年半的時間。

她約他吃午飯，整個中午都在說一些亂七八糟的事情，最後決定隔天再說。

隔天早上，她請了假，站在他公司的電梯門口，兩腿打顫了半個小時之後，打電話給他。

他告訴她，他今天休假。

電話裡面，她終於說了：「我喜歡你。我想和你在一起。」

「那一剎那，我覺得我是神力女超人。」Z說：「我覺得我好有自信，好勇敢，我可以做到這個世界上的任何事情。」

耗費了一年半的告白，多麼的意義重大。

雖然我相信，愛妳的人不會讓妳這麼辛苦的表白。

反正這個時候，對方接不接受，已經不重要了。重要的是，妳妳忠於自己的心，日後想起來，妳不會後悔。

妳可以坦然，妳努力過了，妳讓他知道了。

妳可能不會擁有他，但是妳變成了神力女超人，擁有了快樂的一天。

妳可能不會擁有他，但是妳擁有了日後不會遺憾的一頁回憶。

這個時候，對方在想什麼，真的已經不重要了。

1／20 如果愛情是一場生意

商場得意，情場失利。

G小姐是個成功的商人，她知道如何簽訂各種合約，如何找到最好的律師，如何談判讓自己的利益最大化，她甚至會在談判的時候偷偷錄音，變成日後法庭上的證據。

成功的商人一定目標明確，在愛情上也是一樣。G小姐很清楚知道自己要什麼，身高、體重、相貌、職業、收入、星座、生肖……

不是沒有人符合她的條件，但符合她條件的人，和她接觸之後就會離開。

親愛的，不管妳在生意上多麼成功，愛情，畢竟不是談生意。

不要總是和對方談工作，妳不想變成他的專案投資人。

不要把男人當成商品，一項項的篩選，最後盛在盤子裡給妳。不妨從認識十個異性朋友做起，學習怎麼樣和男人相處。

停止要求別人，同時自己努力付出。愛情的談判與生意不同，妳要得越多，別人走得越快。

停止投訴，停止要求，用這些時間去努力，學習變成更好的自己。

如果愛情是一場生意，在這次的生意裡，妳所有的心計和手段，只會扣分，不會加分。

妳的善變和不信任，會影響妳自己，也會阻礙妳找到愛。

利益最大化，在這裡是沒用的，天下萬事都能算，除了感情。

在愛情的生意裡，停止算計、爭執、善變、鬥志鬥勇、談判辯論、偷偷錄音留證據、找律師走上法庭，以及任何要打敗對方的想法。

在愛情的生意裡，妳該做的是信任、溫柔、微笑、包容、自我提升、學習給予，以及學習怎麼樣去愛別人。

親愛的，這是妳唯一的勝算。

第二個夢

妳，愛過嗎？

愛是關心和關懷。

愛一個人，不是做自己想做的事，而是做對方想做的事，比如那些對對方比較好、讓對方快樂的事情。

2／1 為愛朗讀

只有一件事能讓靈魂完整；那就是愛。

所有好故事的元素都齊了。

愛情——一個十五歲的男孩，一個三十歲的女人。

戰爭和人性——二戰集中營。

死亡——三百人死在教堂，女主角最後自殺。

情慾——一開始就是床戲。

名演員——凱特溫絲蕾不再是十年前「鐵達尼號」那個嬰兒肥少女，她在《為愛朗讀》中的演出，有著不可思議的光彩。

她不識字。和男孩做愛之後，她總是要求對方讀書給她聽。

法庭上，她被指控管理納粹集中營，可是她根本就不會寫字，又何嘗管理之說？但她沒有辯白，因為她羞愧於讓人知道這一點。

男孩本來可以救她，但他也沒有辯白。未來的律師坐在旁聽席上，告訴別人自己在十五歲的時候和納粹分子交往？他說不出口。

於是她被判了終身監禁，他則照舊讀書，錄下來，然後寄給她。

在獄中，她終於學會了閱讀，以及寫信，給他。

這段劇情，讓我在沙發上淚流滿面。

他大聲讀，她認真聽，一個字一個字的認。

他是她孤苦牢獄生涯的唯一安慰，而她為了他學習，變成更好的自己。

雖然他們有過的，不過是一個夏天。

「為愛朗讀」這部電影，有人看忘年戀的情慾，有人看演員的精彩綻放，有人看戰爭如何把一個正常女人變成劊子手。

我看的則是：他還在那裡。

不過是一個夏天的故事。

一頁又一頁的朗讀，一次又一次的寄錄音帶。

這其中，有沒有贖罪的成分呢？

如果他肯作證，她就不會被關這麼久。

到底是愛，還是贖罪？

如果當初他們肯把真相說出來，事情會美好得多吧？

妳有沒有為之羞愧不肯面對的事情？

妳有沒有一些寧願傷害到自己和別人，也不肯說出來的事情？

把真相說出來，事情會美好得多。

2／2 牛糞的道理

他是一個大塊呆；生作親像妖魔鬼怪。

他們在朋友的生日聚會上看到彼此，眼中發光發亮。

她走到哪裡他跟到哪裡，他和她談話，找了個藉口把自己的名片塞給她。

她每天一定能在郵箱中看到他的郵件，在哪裡吃飯，在哪裡睡覺，去哪裡看到了什麼美景，想到了什麼。

他包下整間餐廳，為了和她吃飯，一大早去買香檳，親手烹飪四個小時，準備一頓晚餐。

她穿得漂亮，配戴整套首飾赴約，笑顏綻放，妙語連珠。

她的工作委屈，他的工作壓力，他們一起分享，一起痛罵。

他們愛好相同，可以整天在誠品裡走來走去，或者連續看一整天的電影。

問題出在臥室裡的一盞燈。

他睡左邊，她睡右邊，她睡前想看書，把燈從左邊挪到右邊。他不拒絕了，毫無理由。她當場沒有發作，轉身走到另一個房間看書睡覺。

第二天，他們第一次冷戰，之後大吵一架，她把鑰匙還給他，轉身離開。

「一盞燈都不肯為我挪動，我怎麼能期待他會帶給我生命的光？」

她這樣回答好朋友。

他再也沒有打電話來，他們就此分手，兩個人都倔強驕傲，再也沒有聯繫。之後她認識了新的人，開始和別人約會，很久很久之後，突然有一天，他們又重新講話了，反正當年也不是愛得死去活來，分得也還算乾淨俐落，彼此記得的還是對方的好，終究一笑了之。

「我經常想起妳。」他鄭重向她道歉，「當初是我不好……雖然太晚了。我以前的妻子總是在床上看書，我有著太多不好的回憶。」

她笑，「上帝已經懲罰你了，你的壞脾氣已經把對你最好的人趕走了。」

解釋的態度和原因都很合理。

可是瑞凡，他們回不去了。

大家都走進了新的風景裡。

問題是臥室裡的那盞燈？

是，也不是。

沒有那盞燈，也會有一扇門，一扇窗，或者一盒巧克力。

兩個人都倔強驕傲，好的時候都很好，出了問題，都不肯解釋，也都不肯讓一點。就算每天都想起對方，也絕對不會主動打個電話解釋。

因為他們驕傲，因為他們高貴，因為他們體面。

親愛的，鮮花之所以插在牛糞上，是因為牛糞不驕傲。

2／3 這週，妳為他做了什麼？

如果妳什麼也沒有做，
妳怎麼能要求他呢？

早上的例會讓我大開眼界。

將近三十個女人坐在一個房間，一個一個講故事，主題是：「上週，我為他做了什麼？」

每個人都很精彩，有的陪老公出去，在朋友面前給足他面子；有的給對方驚喜，幫對方慶祝生日；有的對對方甜言蜜語，給他擁抱親吻。

「不要和同事分享私生活」的職場定律在這裡無效，大家都在講自己的私事，自己的感動，自己的生氣，自己的兩性關係。

一邊為這樣的工作環境感動，一邊怎麼想也想不出我要說些什麼。

輪到我，我只好誠實回答。

「對不起，我還沒有結婚，只有一個見了幾次的約會對象。這週，我什麼都沒有為他做——主動打電話給他，但他沒有接到算嗎？而且我覺得我們不是很合適，我決定不再和他見面，並且打算刪了他的臉書和 LINE。」

講到這裡，我有點羞愧，只好補充：「所以我決定為他做一件事情──暫時不刪他的臉書和 LINE。」

這是一個好主意。每週問問自己：這一週，妳為她做了什麼？

如果妳什麼都沒有做，怎麼能要求他呢？

提高妳的情商，想想妳為對方做了什麼。

不管是約會中還是結婚後，每週，至少為對方做一件事情吧。

另外，順道一提：女人在愛情上，永遠比男人有奉獻精神──妳見過三十個男人坐在一個房間裡，談「這週，我為她做了什麼」嗎？

所有抱怨感情不好的人，都應該來聽聽這個早會──尤其是男人！

坐下來，安靜的想想：這週，妳為他做了什麼？

2／4 花心

黑夜又白晝，
黑夜又白晝，
人生悲歡有幾何？

D先生以花心出名，而我當年曾經把X小姐介紹給D，使X飽受其害。

再接到D的電話，我警告他，「不要再害人了，不要打給X，聽說你現在的女朋友管你很緊。」

D在電話那邊長嘆，「那個女鬼！」口氣彷彿看到了精神病患者。

之後和X小姐聊天，我問，「D有沒有打給妳？」

「沒有。」X回答，「倒是D的女朋友每天都打給我。」

我大奇：「妳們聊什麼？」

「聊她每一次的捉姦故事。」

D和現任女友在一起一年，在床上被捉到四次，間接確定姦情五次，另外還有數不清的和其他女人吃飯、電影、約會。

兩個人一起回家，D家的門鈴響個不停，每次女人都不一樣。接著D的電話響起，她會接起來，說，「不要再來找我男朋友了。」

她經常接到電話，朋友說看到D和什麼人在哪裡。她穿上衣服就往外走，D在吃飯，她在門口等，D在看電影，她等D散場。

在床上直接抓到了幾次，D好像也習慣了，有一次被抓到，他還沒睡醒，被燈光刺得眼睛痛，也不理兩個女人一個躺著一個站著，開口第一句話是，「關燈！」

最戲劇的一次是，她進去，D繼續睡。她把女人叫出房間準備談判，誰知道女人怯生生說，「我是出來做的，妳給我錢，我馬上走。」

她給了錢打發女人離開，自己脫光躺到D身邊。D早上醒來朦朦朧朧，摸著摸著覺得不對，睜開眼一看，大變活人，頓時傻在那裡。

我們一邊感嘆她身為女版福爾摩斯的聰明機智和捉姦大王的執著，一邊覺得她瘋了。

最好玩的是，他們居然一直在一起，沒有分手。

D每次被捉到就跑，幾天之後不是他找她就是她找他，總之他們會和好。然後過一陣子，同樣的事情會再度發生。

D對她不錯，幫她慶祝生日，買禮物，一起消磨時間，甚至給零用錢，如果被她逼得太緊，D會當著她的面傳簡訊給約會的女生：「我現在的女朋友對我很好，我們不要再見面了！」

一路走來，她始終執著的跟在D身後斬妖除魔，每天的任務就是打給不同的女人，「我和D在一起很久了，他只是和妳玩玩的，妳不要被他騙了。」

他愛她，因為她年輕貌美，癡情專一。

至於她為什麼愛他，她回答，「他個性很好，我們很合拍。」

D那種悶葫蘆性格，吃一頓飯大概只說三句話——包含點菜，我實在看不出他個性哪裡好。

「他很幽默。」她繼續說。

「是啊，玩骰子和喝酒之後很幽默。」X惡毒的補充。

當年她抓到X小姐之後，持續打電話給X，「我和D是天生一對，誰也不會離開誰。」

我們當年都不理解這句話，到了現在，更多的案情浮出水面之後，我們不得不由衷讚嘆。

是的，你們是天生一對。

D先生如今聲名狼藉，全社交界都知道他的品性和他的厲害女友，一些D先生的前任居然和她做了朋友，比如X小姐。

她總是會跟X小姐說，「看！我又多拯救了一個好女人！」

好女孩發現被騙，總是一聲不吭，轉頭就走。

當年她也是第三者，仗著藝高人膽大，堅持到今天。

至於整件事情，我能想到的唯一好處是：

如果全世界的女人都像她，花心男人一定會絕種的。

2／5 海闊天空

可是海風又鹹又濕，海邊的天氣也不穩定。

A小姐有個奇怪的習慣。

兩個人關係一旦開始親密，她就會開始害怕，怕一切開始得太快，怕錯誤的對象，怕自己所托非人。

之後如果看到一點點情況不對，她就會往後退。

真的是他嗎？失戀太痛了，選錯了人太慘了，還是不要輕易開始好了。

矛盾的掙扎？一定會有的。

人腦不像電腦，資料可以隨意刪除，一鍵按下，乾淨俐落。

常常這一分鐘，理智占了上風，覺得應該如何如何，下一分鐘又被情緒控制，風向改變。

不管怎麼波折，最後，妳總是習慣性自我保護，選擇後退。

對方也許會覺得妳情緒化，也許會覺得妳不穩定，或者覺得妳不珍惜所有的一切，甚至覺得妳難相處，於是對方也會停止步伐，或者乾脆學妳，大退個一步兩步。往後退？

經常一退就沒有了。

現代生活，資訊爆炸，事件頻發，每一分鐘都不知道發生多少事情，妳與他之間那一點點微薄的好感和快樂，實在是太容易抹殺了。

很快，大家都會遇到新的人，妳有妳的好處，但也不是無可代替的，對方曾經讓妳笑，但是少了他，妳也不會失去笑的能力。

於是妳的行程表上，似乎一切照舊，永遠遙遙無期。

2／6 飛機場的十點半

我喝來喝去可樂還是要剩一些。
剩一些給妳。

半夜睡不著，又不想吵別人，於是她在網上找了個有時差的人閒聊。

對方和她聊起電影，她說：「你來看我，我就和你看一場電影。」

隔了三秒鐘，螢幕上出現，「這個週末好嗎？我週六飛，週日到，陪妳看一場電影，週一再回去工作。」

花十二個小時的飛過來，再花十二個小時飛回去，就是為了和妳看一場電影。

這個約會，妳怎麼能推得掉？

坐二十四小時的飛機，只是為了和對方看一場電影，這是一件多浪漫的事情。

我問起朋友他們做過的浪漫事情。

年輕時候的K先生很執著，他曾經和一個在國外的女生交往，每個週末從香港飛去加拿大，很多時候，都是匆匆見個面，抱一抱，吃個飯，就登上了回來的飛機。

他不覺得辛苦，因為可以見到戀人，坐在飛機上，滿心都是甜蜜。

K說，「那個時候，總覺得我是飛機上最幸福的人。」

很多戀人住在同一個城市，卻可以一兩個禮拜不見面。相較之下，每個週末都要坐長途飛機見面，一定是很愛很愛吧。

張愛玲對胡蘭成說，「想到你在哪裡，那個城市對我來說，就如同珠寶一樣閃閃發光。」

每個飛奔去約會的人，想必也有同樣的心情吧。

很愛一個人，即使在兩個城市，走到哪裡都會想著她，好像對方無處不在。

思念，就像一隻貓伸出爪子一樣，動不動就在你的心上撓兩下，每天一定要聽到對方的聲音，知道對方在做什麼才安心，才會覺得完整。

只要有假期，對方一定會被列入計畫。

這樣說來，如果妳和他在同一個城市，卻可以很多天不講電話不見面，假期也沒有打算和對方共度，你們一定不相愛。

當然，也不是每次都這麼甜蜜，也許某一方興致勃勃跑去另外一個城市，結果對方根本不願意出現。

一個人的浪漫，遇到了不適合的對象，就變成了另外一個人的驚恐；越浪漫，越驚恐。

坐整整一天的飛機，就是為了博對方一笑。

如果已經是戀人，這會是年老之後可以訴說的甜蜜故事；如果是被追求的最初階段，這樣耗時耗力的一個舉動，肯定會大大加分。

最幸福的人，就是那個知道有人正在等著他的人。

當然，等待的那個，自然更幸福一點。

2/7 就算是媽寶也不需要第二個媽

不，謝謝妳，我已經有一個媽媽了。

「冰箱裡面有三鍋東西，吃完之後鍋蓋記得蓋上……木瓜記得吃掉，否則會壞掉……桌上的紙杯裡面裝的是鹽，不要丟掉……浴室裡的浴缸，有空記得刷一下，很髒……」

有生以來第一個男人對A小姐說：「妳好像我媽。」

其實這並不是什麼嚴重的指控，嚴重的是，A驚覺自己的所作所為，真的很像他媽。

一個男人對妳說，「和妳講電話，感覺就像和我媽媽講電話一樣。」

這是一件好事還是壞事？

雖然男人都在尋找一個可以真正信任和分享的對象——起碼他們是這麼說的，但實際上，他們的潛臺詞是：「不，謝謝妳，我已經有一個媽媽了。」

為什麼妳會變成他媽？

可能因為妳是個好女孩，妳情不自禁去關心愛護對方，他吃得好不好？睡得好不好？妳覺得，關心一個人，不只是一句「我想你」那麼蒼白，自認真正懂得愛情的妳，會開始幫他洗衣服、煮飯、打掃房間……

直到妳變成他媽。

男人會謝謝妳嗎？男人會因為妳是這樣好的女孩愛上妳嗎？

不，他們通常只會覺得妳很煩——像他媽一樣。

媽媽在這裡，媽媽愛你，媽媽為你做一切——遇到媽媽型的女友，男人跑得比什麼都快——妳忘了，他們從小就是和媽媽做對長大的。

冰箱裡的食物壞了？別擔心，永遠都有新開的餐廳。妳確定妳每間都吃過了嗎？節食？點杯香檳吧。

妳帶去的鹽被扔掉了？也好，從此廚房缺任何東西，不要找妳。

浴缸很髒？讚，下次約會可以去洗溫泉，同時，因為妳沒辦法在他家洗澡——見到髒浴缸妳會生氣，所以，妳可能不會去他家了。

吃妳煮的東西，他眉頭糾結，彷彿在吃毒藥？很好，妳以後不用煮飯了。

好好當妳的女朋友吧。

女朋友應該是要被擁抱的，被寵愛的，被討好的，要他努力表現追求的。

為什麼妳放著好好的女朋友不做，要去做他媽？

當然，還有一個可能，妳之所以莫名其妙當了他媽，是因為妳不信任他。不用擔心，沒有妳之前的那麼多日子，他也過得好好的，白白胖胖健健康康。妳不用覺得妳必須拯救即將毀滅的星球，如果妳需要什麼，告訴他，信任他。他如果足夠喜歡妳，會為了妳去做的。

如果他真的搞不定，妳也不該當他媽媽，而是放棄當他的女朋友。

有些事情是一輩子的，仔細考慮一下吧。

2／8 是妳想太多

多給別人幾分鐘，愛情會轉的更從容。

A小姐是個喜歡計畫未來的人。

她離開每一任男友，都是因為覺得他們沒有未來，於是還沒有開始多久，就已經結束了。

B小姐在朋友聚會上看到一個男生，感覺不錯，就主動打電話約他，第二次就請他去她家吃飯——如今他們同居六個月，每天男生都送她上班接她下班，甜蜜得不像話。

「喜歡他，就約他囉！約去家裡，該發生的當然會發生囉！」B經驗豐富。

A和B，完全不同的兩個人。

A再喜歡一個男生，都不會主動約他，帶他回家。

當全世界都在說應該是男生追女生的時候，B主動出擊，燭光晚餐加上溫柔笑容。

所以A仍舊小姑獨處，現在有男朋友呵護的，是B小姐。

喜歡一個人，本來就是一件很簡單的事情。

大多數的人都不完美，或許不會做家務，或許酗酒，或許吸毒，或許脾氣暴躁，或許沒有錢，或許長的醜……

想太多的人，往往都單身，因為思考會帶來取捨。

如果真的喜歡，不要想那麼多。

不管這個人是好是壞，妳喜歡的人，就是這個樣子；讓對方明白妳的心，也不是壞事情。

如果妳很想他，不要委屈自己，傳個簡訊給他吧。

當然，不是提議妳和壞人談戀愛，妳當然也要選擇觀察。對方很糟糕，也不用為了愛跳進火坑。

只是，如果妳很想談戀愛，試著給自己和別人一點機會吧。

把條條框框扔到一邊，多走一點點，追隨妳的心。

2／9 不能說的秘密2

說出口的就不再是秘密了。

八卦專家說：「但凡流言，百分之九十是真的。如果當事人公開闢謠，那就是真上加真。」

被傳謠，最低境界是大肆辯解，中等功力是保持緘默，最好境界是點頭微笑——你覺得怎麼樣就怎麼樣吧。

知名人士都習慣了流言。

撲朔迷離，保持神秘，才是最高境界。

她叫我去吃飯，傾訴四個小時，因為她被最好的朋友出賣，私生活變成流言滿城傳播。

做名人很辛苦，一離開家就得戴上面具，稍有不慎，各種花邊新聞就會噌噌噌的傳出來。

原以為小人物比較快活，可以牽手可以擁抱，但還逃不過流言之苦。

名人被流言所困，來自民眾的好奇之心。

小人物被流言煩惱，多數來自交友不慎。

八卦記者，可以原諒；翻牆夜潛，追命快車，謀生不易。

好朋友的耳朵嘴巴，才是真正傷人的東西。

「我絕對不告訴別人否則生兒子沒〇〇！」

「這件事情如果有第三個人知道，天誅地滅！」

然後沒過多久，妳就會從別人口中聽到妳的秘密。

第一時間，搖頭不肯相信。

第二反應，覺得憤怒被出賣。

第三階段，嘆口氣刪除記憶，走開。

跑去斥責追問？這麼明顯，白紙黑字，旁人哪來如此豐富而寫實的想像力？

說什麼？痛罵一頓？過去兩人總算有點好日子，何必做的那麼難看？

人有失蹄，難免飯局得意，醉後失憶，張口就把妳的秘密當成談資。

只要對方不是惡意中傷，到公司門口貼大字報，或者網路發給所有朋友，能睜隻眼閉隻眼，就讓它過去吧。

生氣，是用對方的錯誤懲罰自己。
不如笑笑。
你覺得怎麼樣就怎麼樣吧。

2/10 Winner doesn't take all

就算沒有受盡委屈，
曖昧也未必不是問題。

在人群中，第一眼就看見彼此。

酒會散去，他馬上約她出去再喝一杯，走的時候兩個人自然的吻臉，他說：「我喜歡妳。」

一喜歡，就喜歡了五年。

他是空中飛人，世界各個角落來往，每個月到一次她的城市，一定會約她見面吃飯聊天，散場的時候擁抱，親親她的面頰離開。

她是個職場女強人，每天一絲不苟的處理各種工作瑣事和感情花絮，態度是玩距離神秘牌，不知道他的底牌之前，她不打算給他看底牌。

兩個人像打太極一樣，見面什麼都聊，就是不聊感情。

她恨恨，他要什麼她都會給，但是她一定要等他先開口。忍得牙齒出血，那句話，是死活也不說的。

中間有無數花絮。

她搬去英國，他從倫敦開車四小時到她的城市看她。晚上七點，她說：「再晚你就回不去了。」

他教她股票，幫她賺錢。

三不五時就會寫郵件分享近期事件。

過了很久再見，她心中愉快，忍不住誇他，「你越來越可愛了。」

他愣了一下，終於忍不住問：「我當年開四個小時的車去找妳，妳見到我的第一句話是：『你沒有之前帥了』。」

兩人第一次掀開曖昧迷霧，透露心聲。

他說，「我喜歡妳。」

她說，「我也一直喜歡你。」

聽到這句話，男人暴走了。

他第一次開車四個小時去找一個人，她卻叫他走，於是他想，她不喜歡他。

為什麼妳不早告訴我？

此時，他剛剛結婚。

說起這段故事，她向來優雅體面，也不禁激動落淚。

隱忍糾結五年，每封簡訊都讀過幾遍，說過的幾句好話在心裡反反覆覆，想念感懷無數夜晚，唯獨最重要的那句，死活也說不出來。

你要當我男朋友嗎？

中間也有別的約會，通常來得快去得快，唯獨這個人，始終卡在那裡，日復一日，變成最痛的一根刺。

這場五年的遊戲，大家都小心翼翼進進退退，愛惜自己羽翼，不肯走錯一步，不肯說錯一句。

試探，放棄，再試探，再放棄……

那麼聰明理智謹慎的體面人，結局卻是考慮和一個已婚男人偷情。

她走開了，但依舊固執倔強，說她沒有後悔，終究是她贏，終究是他先開口。

聰明如我們，總是笑一些女生白癡，說她們太主動太激動太天真，動不動就哭天喊地哭感情，尋死覓活要愛情，這樣的傻事，我們是不做的。

聰明如我們，不冒險，不讓事情失控，不讓自己難看。第一件事情就是保持姿勢好看微笑體面，終生沒有半點事情會被別人笑話。

聰明如我們，一直是贏家。

從二十八歲到三十二歲，五年的曖昧。

她贏了，卻也輸了。

2／11 暗戀

你不懂我有多麼掙扎；面對你要很大的勇氣。

他的初戀。

大學四年，從未表白。

打掃整間宿舍，只期望能夠邂逅她的身影。

那時候電視不普及，全宿舍合資買了一台，他被兄弟指責，把電視搬去她的宿舍讓她看她喜歡的節目，但她和別人去看電影了，於是他走在馬路上心如死灰。

畢業那天，兩人默默吃了一頓飯，翻牆回學校，黑暗的校園裡第一次牽手，他送她到宿舍樓下。

滿懷期望和喜悅，滿心都是一個人，直到從空中重重摔下，世界崩塌無光。

偶爾有些小事情可以慰藉取暖，只是來得快去得快。

最後的告別，慎重又輕描淡寫。

從此再也沒有見過。

肯不求結果去暗戀一場的人，都是宅心仁厚，純樸美好的。不求回報，默默守候，沒有任何攻擊性、功利性。看到她就好。她開心就好。

她略帶驕傲的說，「從小到大，每一個我喜歡的人都喜歡我。」

真幸運，從來沒有嘗過暗戀的苦。

幸福的孩子，從來沒有做過惡夢，喜歡誰，笑笑說兩句悄悄話，對方就會畫幅素描送過來。

什麼都來得非常容易，勾勾小指頭而已，於是一事不合隨即走開；自覺各方面非常獨立，少了誰都可以，於是轉身的姿勢異常熟練。

戀愛了十年，最久的戀情不過六個月。

暗戀，她是不做的。

喜歡便露齒微笑，腦袋飛速旋轉，想著做什麼可以哄對方開心，甚至直接逼問：「你要做我男朋友嗎？」

不合適，沮喪兩天就投奔他人，反正沒了這個還有那個。

不曾有過單方面的傾注和情愫，不曾全心期待，也沒有世界毀滅般的傷心。

從來沒有暗戀過，也是件好事。

開心明快，健康自然。

應酬 2／12

表裡如一又周全圓滿的人？抱歉，沒聽過。

訂餐廳，人數口味喜好座位，無一不是問題。西餐中餐？要吃得飽還是吃得好？男女搭配比例？是否口味相投可以對話？誰坐主位誰坐旁邊？

請著合適的衣衫鞋子入場。誇張的著裝太過搶眼容易曲高和寡被孤立，穿得不好又容易被忽視看輕。

終於坐定，努力想一些共同關注的話題，免得冷落某人。要照顧全場，連微笑都要把臉從左轉到右，表情定格三秒讓每個人看到。

要注意風範禮儀。男士要殷勤夾菜講些有趣話題讓女士笑，女士則要溫柔微笑含情脈脈。商務活動更妙，如何恰到好處破冰，愉快平穩過渡到主題向來是一門學問。中間還要擔心隔桌有耳，要保證每一句話即使原封不動被挪到他處也無懈可擊。漂亮的人可以當花瓶默默笑到散場，普通人就難做，太招搖會被暗地指責不知天高地厚，太安靜又會被懷疑無知無趣。

要做對事要說對話，更要讓別人笑。誰願意看一個醜人衰人笨人討厭鬼失敗者？如果出去做醜人衰人笨人討厭鬼失敗者，還是不要出去了——可以讓每個人滿意微笑的時候例外。

既然有一餐之緣，自然要讓旁人高興快活。穿著體面乾淨，多傾聽多讚美少談自己，對方講了什麼精彩話要聰明快捷反應，聽到不該聽到的則適時失聰一臉茫然，全程幫忙布菜倒茶，保持禮貌微笑散場。

一頓晚餐三個小時的精心應對，另外還要額外兩小時看看餐廳資料和準備相關衣著，一頓飯五個小時，精神體力不好的人一天就不用幹別的事情。如果遇到談不來的人，也不能當場指責辯論，只能祈禱快點吃完下次永不再聚，撐到散場，對方一離開視線，馬上拉直臉孔放鬆身體自己都慚愧變臉太快。更怕飯桌上認識一些好朋友，當面笑臉相迎，轉身卻傳話貶低你，只能痛心時間寶貴，居然花了這麼多時間和這種人度過。

連連幾次遇到這種情況，就變得不愛出去。過濾簡訊留言，除非沒有選擇，絕少和陌生人見面吃飯。老友幾個，可以穿拖鞋睡衣素顏下樓見面，歡聲笑語眉頭低皺胡言亂語分享心事，如果有第三者在場，這本事已附在肌膚骨肉，頓時禮貌客氣起來。

商業行為難免被逼應酬，想想一家老小，只能接著笑下去。

感情也要應酬，愛的是他，卻逃不過要應酬他的家人朋友同事傭人寵物，應酬他的安全感和虛榮心。

愛情兩個字，向來是個專屬兩人的詞彙，如果有了第三者，或更多的人事糾葛，只好勉為其難淪為應酬，就看當事人願不願意，以及功夫好不好。

不肯應酬，有人稱讚表裡如一真我品性；也有人恨他們自我中心愚笨固執。萬事應酬，有人稱讚周全圓滿仁至義盡；也有人罵他們圓滑虛偽沒有靈魂。

表裡如一真我品性，餓了便哭吃到便笑，輸了怒罵贏了忘形，一路跌滾爬打依舊天真也是本事，只能批註運氣太好，能一直當個聰明的自私鬼，彷彿童年時期想做什麼就做什麼，真我品性變成最好藉口，多好。

周全圓滿仁至義盡，卻是後天教育社會功課，個別家教好，多數則是所見所聞研修而來。難得有幾人做得好，聰明智慧，高貴善良，要讓周遭之人通通開心，卻難免犧牲小我。

表裡如一又周全圓滿的人？抱歉，沒聽過。

2/13 騙

神父，你有罪。

他們交往半年。

女方是個有一對雙胞胎女兒的單親媽媽，男方是個妻子早逝的神父。

這半年，他們不常見面，因為神父經常到各地行善傳道，一個月大概會找一天見面，兩個人吃飯、聊天、陪孩子玩。

她很愛他，覺得他有現代男人難得的品質：善良、專一、有責任感，對她的孩子也很好，不像有些男人，只想把手伸進她的衣服裡。

有一天，她突然收到他的一封信。

寶貝，我剛剛檢查出來，我得了癌症。我要去美國治病，妳不要等我了，如果我過了這一關，我一定會娶妳。

她每天都哭。想打電話，卻發現不知道他在外地的號碼。想找過去，也不知道他住在哪裡，共同的朋友更是一個都沒有。

她唯一能做的，就是每天寫郵件，一封又一封。

你好嗎？我會等你，你好好治病。

終於有了回信。

親愛的，我在飛機上。已經飛了六個小時，還有四個小時到ＬＡ。我有什麼消息再告訴妳好嗎？

她紅著眼睛上網幫他查最好的癌症醫院，她的朋友覺得有點奇怪：「飛機上可以寫郵件？」

她打去航空公司問，北京國際機場回答，當天當時的那個航班上，即使是頭等艙也沒有提供上網服務。

清清楚楚，這是一個謊言。

她多麼灰心。

他是神父啊，神說不撒謊不欺瞞，他的理想是關愛救助全世人啊，連神父都能處心積慮說謊？

她寫信去問，神父卻就此消失，再也沒有任何音訊，就像從來沒有出現過一樣，除了 iPhone 裡的照片，找不到半點痕跡。

或許都是假的？

他根本不是神父，只是假裝自己高貴美好；他手上的戒指，並不是紀念亡妻，說不定他老婆還活得好好的；每個月往外地跑，也許並不是傳道；她完全沒有見過他的朋友，也不知道他在外地的聯絡電話和地址……一路這樣推理下來，事情都可以解釋了。

到了最後，反而顯得她天真到可笑。

她從來沒有懷疑過他的任何一句話，知道他得了癌症的那段日子，她每天眼睛都是紅的。

我想不明白，為什麼會有這種人？

人心深似海，這個世界上，真的有人可以扮演成不同的角色，對不同的人講不同的話？

騙什麼呢？有人騙財，有人騙色，有人只是騙一點點愛——也算可憐。

有人撒謊會內疚半夜忐忑，有人撒謊理直氣壯：這已經是他的生活方式，他不會覺得哪裡做錯。

她低頭：「這樣也好。我寧願希望他是騙我的。」

「這樣妳就可以死心了？」我問。

「不是。」她說：「至少他不會死。」

2／14 用他的方式愛他

愛是付出，而不是給予。

「這是我人生的最低谷。」N小姐中午打來電話，說：「不，這是我愛情的最低谷。」

誰也不能說N條件差。長相身材都不錯，又是官二代，從小被送到外國讀書，畢業之後跟家裡要了一塊上億的地皮開了商場，二十幾歲已經在各大名流雜誌頻頻露臉。

「中午遇到兩個以前的約會對象，他們都帶著新女朋友，看起來不怎麼樣……可是，為什麼他們選她不選我？之前交過一個男朋友也是一定要和我分手，我去他家找他，反而被他趕走……」

做為她的BFF之一，我自然責無旁貸，除了安慰，也試圖幫她找出原因。

「第一，妳不穩定。」我說：「即使作為妳最好的朋友，我也經常搞不清楚妳在想什麼。這一秒鐘妳這樣，下一秒鐘妳那樣。約會玩玩還可以，如果是一段穩定的關係，誰敢把心給妳？」

「第二，妳比較自我中心。」我嘆了口氣：「比如妳和我講電話，常常會講妳自己的不快樂，一講就講很久。妳曾經講點快樂的事情給對方聽，或者哄他開心嗎？妳曾經問問他好不好、最近有什麼事情、有什麼開心或不開心的？」

「妳總是做自己想做的事情，想他，就衝去他家。妳有沒有想過對方在做什麼？他是不是歡迎妳？對方在忙，妳發脾氣轉頭就走——妳這樣做，他會開心嗎？」

我以前曾經聽過一句話。

「愛是對自己所愛之物的真正的關心和關懷。」

從這個角度來講，愛一個人，不是做自己想做的事情，而是做對方想要的事情，做對對方好的事情。

真的愛一個人，妳會想他今天好不好，睡得好不好，吃得好不好，有什麼開心的事情，有什麼煩惱。

如果他微笑，妳也會微笑；如果他痛，妳也會落淚。

真的愛一個人，妳不會捨得傷害他。

妳說妳愛他，卻總是傷害他。

親愛的，這不是愛。

妳有多少次是因為不滿意對方而一走了之？

妳知道對方想要什麼嗎？

妳知道如何關心他嗎？

妳愛？

妳真的知道怎麼愛嗎？

2/15 不怪他

噠啦哩啦不怪他不怪他不是他的錯啦，妳的小世界，會起大變化。

戀愛的時候，我們總是患得患失。

為什麼不傳簡訊給我？不打電話給我？為什麼不接我的電話？

為什麼需要你的時候，你總是不在？

為什麼你還和她有聯絡？

為什麼對我撒謊？

為什麼對我這麼差？

為什麼為什麼為什麼？

我們因為愛而理直氣壯振振有詞，或者表面上無所謂，心裡卻不斷扣分，直到再也沒有絲毫情分。

當然，我懂，都是他的錯。

可是，妳不再是個少不經事的女孩了，既然妳願意讓他進來妳的世界，對方必定有可圈可點之處。對方這樣那樣行事，一定有這樣那樣的原因，經歷、性格、當下情境，或者其他妳不知道不理解的原因。

沒有一百分的人，對方的表現不可能都讓妳滿意。

這個時候，不怪他，比怪他要好一萬倍。

怪他又能怎麼樣呢？妳的不高興變得更不高興，小問題變成大矛盾，一件事件引發更多衝突，「不打電話」變成「個性不合」，「善意謊言」或「意外事件」變成「人品道德問題」或者「價值觀落差」。

誰喜歡聽別人說自己不好？於是會辯解，會推卸責任，甚至反擊，就算最後終於證明錯的是自己，臉色也一定很難看：「是！是我的錯！那又怎麼樣？妳想怎麼樣？」

怪他，不如不怪他。

事情沒那麼重要。他也不想這樣。

既然選了他，怪他，不如好好走下去。

2/16 隱私

我今天單身。

她和他交往八個月，已經買了戒指，見過雙方家長，準備走向人生的下個一階段。

她突然發現，他一直和前女友保持聯絡，並且告訴對方：「離開妳之後，我的生活只剩睡覺和工作。妳還單身嗎？我可以排隊嗎？」

前女友曾經來過他們的家，他把家裡與她有關的東西都藏了起來。

於是她輕描淡寫的問：「你和她還有聯絡？」

他面不紅心不跳，「完全沒有。」

「可是我知道了。」她說，「我看到你的對話記錄了。」

男方愣了一下之後，暴走了：「只是聊聊而已，又沒有見面！妳偷看我的對話記錄？太誇張了吧！」——他自動忽略了自己也常常看她的手機和電腦，甚至會冒充她和其他人聊天。

她只好發簡訊給之前的她，「我和他已經在一起八個月了。我知道你們的事情，妳也應該知道我們的事情。」

他知道了這件事情，暴怒提出分手：「我有權利不告訴別人我有同居女友！妳愛跟人講，我不愛！那是我的隱私！妳侵犯了我的隱私！妳太有侵略性了！」多有道理。

她幾乎要拍手鼓掌了。

戀愛、結婚，原來是需要保密的隱私。

你可以是單身，我也可以是單身。

你見你的前女友，我見我的新戀人。

幾年前，在雜誌上看到「偽單身」這個詞。

某些人在公開場合永遠保持單身，但那時候，那些人回到家裡，還不至於振振有詞，說宣稱單身是他們的權利。

喔，對了，故事還沒有說完。

她打包離開了，兩天後，他打電話給她，「所以我們分手了？」

「分手？」她笑笑：「我們在一起過嗎？您不是一直單身嗎？」

算命 2/17

求神，求神，誠心禮佛來求靈神，
同哥哥你三生有幸，求哥哥你成為情人。

某個朋友跑去算命，大師告訴她：「和妳親密的那個男人，會拿走妳的運氣。」朋友一直有個曖昧對象，食之無味，棄之可惜，聽到大師鐵口直斷之後，她終於下定決心斷絕來往。

正在公司拼命，一切都在上升期，工作生活社交娛樂……甚至過個馬路，時時刻刻需要運氣。運氣被搶走？多麼惡毒的一個預言，幾乎上升到詛咒。

只恨大師不說清楚是哪方面的親密，肉體的親密還是精神的親密？請您撥開迷霧，讓我們這些癡怨女至少有一點安慰吧。

為了運氣，為了好好活下去，把男人趕出自己的世界，犧牲不算小。

我替她想了兩個應急方法。

一，找個親密的女性朋友，操作恰當，怎麼親密都可以。

二，結婚吧，運氣被拿走也沒差，反正一人好就是兩人好。

算命這件事，其實挺可怕的。萬一未來有個什麼問題，丟了銀子又擔心，又沒有解決辦法。我暗自覺得此行業的職業道德標準需要提高。

話說回來，誰沒有走在路上被人叫住過，說你面相驚奇骨骼驚異？誰沒有被朋友拖去找大師？誰沒有拿撲克牌算過命？誰沒有做過網上的各種心理測試？

有時候讚嘆說準，有時候一看就是胡說八道，信也好不信也好，下次妳還會再測。

未知的明天，神秘的命運，把我們玩弄在手中，或者被我們用撲克牌玩弄。

他愛我，他不愛我，也不知道殘害了多少花朵。

看著朋友認真刪除男性聯絡名單，我決定有生之年，誰對我說不好的預言一概棒打出門。

好事情，反正要發生，焚香沐浴也不見得加倍。

有男人會搶走我的運氣？省省吧，反正愛情這件事情，還不就是一個人搶了另一個人的運氣。

對了，替她想到第三個辦法：把這件事忘了吧。

2／18 空窗期

忘記關的窗，濕一地。

民意調查之一：感情空窗期的時候，妳做什麼？

拼事業？真上進，此類人才，必成大器。

旅行？妳確定妳要一個人去巴黎，形單影隻坐在街頭，覺得街角窗口有個隱隱約約的熟悉人影？

看電視睡覺吃東西？這很合我的胃口，除了超級好朋友，一概不見其他人，吃喝拉撒睡，昏天黑日，與世隔絕。

培養新愛好，認識新朋友？正解。不管妳去學潛水還是花式調酒，不管妳認識的是教練還是酒保，都比妳關在房間有價值。

民意調查之二：感情空窗期，妳可以保持多久？

有人從來不空窗，往往上一個還沒有走乾淨，就投入了下一個的懷抱。也有人專一穩定，傻傻等了好幾年。

前者不算輕佻，後者也不算癡情。現在沒有誰愛當傻子，走得快，說明前任沒有多少美好回憶，很容易就遇到了更好的。

一直在那裡等，前任一定很好，好到碰不到更好的。

如果有人說他一直在等妳，不用太過相信。他只是沒有碰到更好的罷了。

不要以為上一段感情投入很深，空窗期就會長。

通常，空窗期的長短和對上段感情的付出成反比。

是啊，能做的都做了，卻依舊得不到愛和快樂。痛徹心扉，只好轉身徹底。心死至此，妳還想花幾個月去緬懷？實在沒有多少美好回憶啊。只會越想越糟，恨不得明天就開始新戀情。

隨便再遇到什麼人，都不會再有那麼糟糕了吧？

空窗比較久的，反而是那些在前一段感情中占上風的人。

半夜良心發現，覺得好好的事情是被自己搞砸了，想想，也不是沒有機會，但成本時間一一算來，上一個肯定比較好。如果運氣不好，撞到一個糟糕的，肯定會後悔到不行……

唉，出來混，遲早要還的。

2／19 抱怨先生

要shit的事太多了，不如shit天吧。

他是個知名藝術家，年輕有型有風度；她是個女博士，聰明美麗有個性。兩人在一個晚宴上彷彿火星撞地球一樣撞上，此後天雷地火，乾柴烈火。

他是工作狂，八年沒有交女朋友；她身邊追求者無數，卻對任何人都不曾用心。兩個人，神奇的愛上了對方。

她連續三天晚上跑出門找餐廳選擇約會地點，從瑞士訂了印著兩人相片和名字的巧克力當驚喜，巧克力鎖在心型的盒子裡——密碼被他一次猜中：兩個人第一次見面的日子。

然後，他單腿下跪，掏出戒指，決定與她一生一世。

沒多久，他們分手了。

分手原因成謎，兩人都保護對方，人前絕不討論。

至親好友按捺不住好奇心，打聽之下，她才鬆口。

原來他是個抱怨先生。

永遠不快樂，永遠在抱怨，老闆挑剔，下屬懶惰，交通太差，空氣不好。二個人的世界，充滿著他的抱怨。

飛機上，他會敘述空難的機率，指著窗外表示右機翼很可能已經故障。酒店裡，他會聊起著名的酒店謀殺事件，害得她連浴室都不敢去。大街上，他張口就說起這裡曾發生的爆炸案。

她剛開始還會替他解釋，藝術家，這是藝術家的特質。

後來終於撐不下去了。唯物論女博士，常常被他嚇個半死。

和他一起的日子，很少有什麼高興的事情，每天都沮喪，只好斷然分手。

2／20 三坪的幸福

「什麼叫幸福？有他，有她，有愛，三坪就夠了。」

朋友去外國旅行，租了一個臨時住處。兩房兩廳，德國房東自己住一間房，另外一間房長期出租貼補家用。

客房並不出奇，白牆木地板，白床黑衣架，典型的民宿模式。

房東的臥室也不是很大，三坪左右，正方形格局，一張床，一個衣櫃，一張書桌，剩下的只有走路的空隙。

房間小，但東西不少，牆上滿滿的照片，家人戀人，書和CD貼著牆放，一些不知名的獎盃證書，健身器材加床頭櫃上的梳妝鏡和音響，再擺一台電腦，小小的世界，滿得快要溢出來。

房間隔音並不好，於是朋友很清楚房東的生活。

房東有個同居女友，交往兩年，兩人生活在一起，平時各自工作上班，週六兩人見面，大致行程如下：

早上會傳來呻吟聲與床頭櫃撞牆聲，十五分鐘到半個小時不等，接下來兩人分別洗澡，之後回床上聊天。

他們會聽音樂，偶爾搖滾偶爾鄉村，兩人嘻嘻哈哈，不知道說些什麼。

接下來會有一個人去廚房弄點東西，猜想是簡單的果汁咖啡麵包，充其量有個煎蛋，他們會拿回房間，大概是在床上吃。

接下來可能會是電影聲。

下午五點，兩個人終於走出房間，去對面的公園打網球、散步。

晚飯時間，兩個人回來換衣服，出去吃飯。

十一點半左右，兩人笑盈盈的回家，估計是喝了點酒，又鑽回了他們的小世界，開始聽音樂，大約在一個小時之內，呻吟聲和撞牆聲會再度響起。

朋友睡在自己的小房間裡，想起自己在國內的豪宅，聽著隔壁的歡樂聲，有些惆悵，特意打長途電話給我分享心情。

「什麼叫幸福？有他，有她，有愛，三坪就夠了。」

第三個夢

傷痛

總有一天，妳會明白。
妳寧願痛的是妳。

3／1 安全感

把安全帽戴上。

A小姐被B先生打動，是因為他的一句話。

「我從來沒有主動跟女生分手過。」

這句話，有著滿滿的安全感，於是A小姐第一次毫無自我保護、不留後路的全心投入。她告訴所有已知的未知的可能的不可能的追求者自己有了男友，每週七天，六天在家煮飯洗衣，只有B出門應酬的時候，A才會出去走走。

至於B先生，則號稱單身，繼續和別的女生約會，直到她聽到消息，甩了他一巴掌，之後毅然分手。

難怪他可以從來沒有主動和女生分手過。

苦苦追尋安全感的妳，我知道妳忐忑擔心，也知道妳內心不曾破滅的愛情期許，更知道妳一直等待的，不過是一個真誠穩定的擁抱。

苦苦追尋安全感的妳，再遇到一個人，不要聽他說什麼，看他怎麼做。

苦苦追求安全感的妳，記得，安全感是自己給自己的。與其擔心他會離開，不如自己內外雙修。

總會有個人愛妳。那個人離開你，是他的損失。

結尾還有個小花絮。

「最讓我驚訝的是，他居然寫信給我。」A小姐大笑，「他說我總有那麼多追求者，這讓他很沒有安全感。」

畫龍點睛的一個故事結尾。

3／2 還書

有書還書，沒書還愛。

那時候我還小，十歲的樣子。

學校裡有個實習老師，大學剛畢業，實習半年，是我最好的朋友。

他教我功課，買吃的給我，借書給我，甚至幫我寫過一次作業。

後來他交了一個女朋友，兩個人約會了一陣子，沒過多久，也不知道為什麼，兩個人分手了。

某個大雨的日子，我在他的房間玩，突然有人敲門。我打開門。那個女孩撐著傘，全身濕漉漉的，從懷裡拿出一本書。

「他在嗎？我想把書還給他。」

「他去當家教了。」我相當熱情，努力當一個有禮貌的乖女孩，「我幫妳把書還給他？」

她笑了一下，把書遞給我，道了聲謝，轉身走了。

晚上吃飯的時候，我把這件事情講給父親聽。

他笑了笑，「妳可能幫了人家一個倒忙。」

「為什麼？」我不解。

「什麼書那麼重要，需要冒著大雨來還？」父親意味深長的一笑：「其實她不是要還書。」

十歲的我在餐桌上，第一次覺得男生女生的事情好難懂。

後來，我常常看到有人還東西給另外一個人。

繡著名字的手帕，枕邊的耳環，其中最有名的，應該是一只玻璃做的高跟鞋，之後的故事你們都知道了——王子找到了灰姑娘。

有心，有情，一本書一條手帕一只耳環，也會深情款款的歸還。

反之，妳會收到快遞，或者乾脆在垃圾桶裡發現那些東西。

3／3 跪求

變了心的人，十頭牛也拉不回來。

有個女大學生，下跪懇求男友回頭，影片被放到網上，鄉民激昂評論。

別笑，也別罵。

誰沒有求過？只是沒有下跪而已。

大多數時候，我們會哭了又哭，求了又求。

把尊嚴和自己踩在腳下，哪怕明明是對方不對，也含著眼淚卑微的說一定是我哪裡不好。

剛剛被痛罵一頓，沒過多久又跑去擁抱對方示好，哪怕是用熱臉貼冷屁股。

哭很多。流出來的眼淚可以讓乾麵變成湯麵，躺在床上沙發上蜷成一團哭，走路站在街頭哭，坐在馬桶上哭，打電話哭，和他說話哭，甚至聊 LINE 也哭。

求很多。好言好語的求，甜言蜜語的求，郵件簡訊求，脫光光用身體求，淚流滿面的求。

除了下跪，什麼沒有做過？

跪求他回心轉意，註定會失敗。

不愛妳了，哭也是錯，笑也是錯，跪也是錯。

在愛情裡，我們都會失去理智。可以做出最踐踏自尊的事情。

在愛情裡，我們都會變得卑微。尊嚴和面子都無足輕重。

被所愛的人傷害還不夠，甚至要在全世界面前自取其辱，跪完了，他看也不看絕情離開，妳變成全民笑話——如果妳一定要這樣才肯死心。去吧。

如果妳自己都不愛自己，尊重自己，他又怎麼會愛妳尊重妳？

3／4 到底做錯了什麼？

我還能做什麼？你已經不愛我。

在某間餐廳吃飯，我去洗手間，聽到隔壁有女人啜泣，喃喃自語，一下子大聲一下子小聲，聽不清楚，到了最後，我只聽到一句話反反覆覆重複。

「我到底做錯了什麼？」

時近午夜，餐廳分外安靜，聲音卻越來越大，到最後，整個餐廳，都能聽到她撕心裂肺的哭聲，嘶啞，傷心，不甘，不捨。

「我到底做錯了什麼？」

「我到底做錯了什麼？」

「我到底做錯了什麼？」

到最後，鬼哭狼嚎，非常震撼。

妳要對方怎麼回答？列出一二三四五六七八九條不滿意準備湊一色，還是乾脆俐落說妳很好，只是你們不適合？

我很想敲敲門，告訴她：「妳沒做錯什麼，他只是不愛了。」

這句話已經被我說了一萬遍，我想之後還會再說個幾萬遍。

他如果愛妳，才不會這樣傷妳的心。

非得要說妳做錯了什麼的話。

嗯，妳愛錯了人。

3／5 選擇

就算一切重來，我也不會改變決定。

A小姐家境顯赫，選了一家門當戶對的訂婚，卻依舊和清貧舊情人約會。吃飯的時候，她搖搖手上那顆大鑽戒，說：「不是不愛你，家族交易，沒有選擇。」

B小姐去國外度假的時候遇到理想男友，但他是外國人，這和她回國從政的理想衝突。他請B小姐留下來，B惆悵遺憾回答：「我沒有選擇。」

C小姐的男友抱怨她一款又一款的買LV，講究奢侈高級。C小姐生氣又實事求是的回答：「我身邊都是這種人，我沒有選擇。」

真的沒有選擇嗎？

很多時候，沒有選擇，是因為妳已經做了妳的選擇。

A小姐心裡清楚，她過不了普通人的日子，雖然是名校畢業，卻沒有任何事業心，也不願意為了薪水在辦公室爾虞我詐。

B小姐從小立志投身政壇，怎麼會為了一個男人改變？何況，戀愛結婚這種事情，沒有你，也有他。

C小姐更是早早清楚自己的朋友圈，和非富即貴的人在一起，她才覺得自己有價值，讓她和窮藝術家或小白領做朋友或者約會，她才不肯呢。

我們都有選擇。

人生，在一個個分岔路口組建完畢，選學校選朋友選工作選男友選房子選未來。

沒有人拿槍頂著你，讓妳選這個選那個，妳選了這個朋友，妳選了愛這個人，妳選了留下，妳選了離開。

妳追求熱愛的事物，妳內心的快樂或恐懼，決定了妳的選擇。

如果有人對妳說他沒有選擇，妳應該向他道謝，因為他用最客氣的方式告訴妳：他已經選好了。

3／6 最愛

最好的愛，就讓它延續。

眾女人八卦之餘，總結陳詞。

我問：「最愛的是誰？」

「初戀男友。」A小姐說：「在一起八年，彼此陪伴成長，剛開始癡情熱情，後來彼此傷害，分手後藕斷絲連，現在則變成了友情和親情。如果有一顆子彈飛過來，我會撲上去，擋在他面前。」

「上一任。」B小姐答：「我為了他換了工作，換了朋友，改變性格和生活習慣，為他學習忍耐，為他哭了很多，也傷了很多。」

C小姐想了想，才說：「下一個。我的感情彷彿被詛咒一樣，每一次從來不會超過一年。有的激烈開始傷心結束，有的淡淡開始莫名結束。我現在覺得，感情似乎和時間有關，最高的愛情境界，考驗的還是時間。」

誰是妳最愛的那個？

如果妳是單身，我希望妳的回答是「下一個」；如果妳不是單身，我希望妳的回答是「現在這個」。

八年的雖然情深，人已經走了，空留記憶，比空氣還無形，握都握不住，身邊的人也不再是他了。何必活在過去？

上一個痛徹心扉？不走運，愛錯人，從此一蹶不振，不再相信承諾和愛情——為什麼要因為他的錯誤懲罰妳的人生？

不管曾經如何，妳應該保持純真，滿懷希望，彷彿從未被傷害過。

把健康完全的愛的能力，留給下一個。

3／7 最重的一句話

香蕉你個芭樂，我圈圈你叉叉。

R小姐回憶起前夫。

「我沒有什麼好埋怨的。除了他工作太忙，不夠關心我。回頭看看，真的沒什麼怨恨。」

R的前夫確實很有風度。

他們經常吵架——說是吵架，其實是R一個人發飆，他只是坐在她對面，不發一言。

她吼得天翻地覆，最後只覺得沒意思，休息休息，事情也就過去了。

他對R說過最重的是：「妳永遠不可以刪除我的電話號碼。」

那次她生氣，刪了他的號碼。

當然，大多數時候，我們的教養和運氣都沒有這麼好。

列出十幾條對方的缺點數落，一點點把柄緊緊抓在手裡，日日月月年年，用難聽的話問候對方。

我們從哪裡學到了這些？

必定有一個人先開始，指責攻擊，巧舌如簧；另外一個人起先目瞪口呆，隨後緊緊跟上，你初一我十五，你打我的臉，我就踹你的肚子，兩個人把狠話髒話重話當雪球，向對方的臉怎麼爽怎麼砸，再HIGH一點，直接上升到全武行。

相愛的兩個人，卻把彼此搞得傷痕累累，直到兩敗俱傷才會醒悟，黯然收拾行李，就此天涯一方。

還記得妳說過最重的話是什麼嗎？

不記得也沒關係，我肯定他還記得。

他越愛妳，記得越清楚。

3／8 非常有道理

禮多人不怪；理多則是妖魔鬼怪。

過了三年，她才有勇氣告訴別人發生了什麼。

交往一年半，雙方父母已經見面，籌畫未來，她上份工作做得不開心，於是開始SOHO接一些翻譯，住在他家。

同居並不像她想的那麼甜蜜。

他下班之後的第一句話通常是：「今天好累啊。我好累。」然後就開始挑剔她家裡亂七八糟：「我在外面那麼辛苦，妳難道不能讓我的生活變得更好一點嗎？」

聽起來非常有道理。

他常常說她的人生沒有意義，他為她做了什麼什麼什麼，一二三四五六七，然後說，「妳到底能為我的生活做什麼？」

聽起來非常有道理。

他很少關心她的父母，從來沒有打過電話，同時要求她：「妳既然不出門，就多陪陪我的父母爺爺和我的狗，每天早晚帶牠去散步。」

聽起來非常有道理。

他常常去應酬消遣，卻對她下禁足令，每天晚上七點之後不准出門。有一次，甚至在她睡著的時候拿剪刀把她的長髮剪得參差不齊。她在睡夢中醒來，看見一地頭髮和床頭拿著剪刀的他。他說：「這麼醜，這下妳不能出門了。」

聽起來非常有道理。

他跟別人約會，晚飯時候傳簡訊。她不笨，直接說出了第三者的名字。他大吼大叫，搶過她的手機在地上摔得粉碎，把她趕出了門口。

天氣很冷，她在門外抖抖索索敲了兩個小時的門，最後只好和樓下管理員借電話，去朋友家借住。隔天她打電話給他打算拿走自己的行李，他接起電話，劈頭就問：「妳昨天晚上在哪裡？妳這個女人水性楊花，住在男人家吧？你們到底什麼關係？」

聽起來非常有道理。

聽到她提分手，剪刀俠再次出動，她所有的衣服都被剪得粉碎，他拿走了他的錢和信用卡，「沒有錢，沒衣服穿，看妳能去哪裡。」

聽起來非常有道理。

她帶著身上最後的幾張鈔票逃離他家，找房子找工作，來不及哭，先活下去再說。聽說他交了新女友，他卻跑來找她要求復合。她忍不住問，「你不是已經交了新女朋友？」

他說：「我沒有說我沒有啊。」

聽起來非常有道理。

「為什麼當初會愛他？」我問。

「每個惡魔都有自己的魔力。」她若有所思，又有些無奈：「我當時真的覺得他說的話都很有道理，每天一愣一愣的，總覺得自己不好。」

我還能說什麼呢？

如果他總是非常有道理，妳不走就太沒有道理了。

3/9 傷心

傷在你身，痛在我心。

那時，她還青澀，習慣處處被愛被讓。發生口角，她賭氣轉身就走。到家卻又不捨，上網找他，三言兩語，再次和好。刁難他，讓他去買自己愛吃的宵夜才肯作罷。

樓下等了一個小時他才到，她正要發脾氣，他抬起頭，眼角青紫，嘴角出血。

原來他在路上開快車，被另外一台車子疑心挑釁，將他截下，三言兩語不合，直接動手。他一個人，只能挨打。

他面無表情，說記住了對方的車牌，等等報警就好。她心頭發緊，幾乎不能呼吸，大滴大滴的眼淚落下，恨不得受傷的是自己，她緊緊抱住他，哭了一整個晚上。

隔天，她什麼事情也沒做，跟著他去醫院驗傷，去警局報案。小小的身體，穿條白裙，看起來像十三歲，平時和人吵架都不會，這次卻像頭發怒的母獅，不顧一切保護自己的寶貝。

最後得償所願，對方上門賠罪。

事後她回憶，「那一刻，我第一次明白為什麼有人會說『你皺眉，我痛心』，或者『情願是我生病』。看著他嘴角出血，我恨不得受傷的是我自己。」

愛一個人，就會如此吧。

你皺眉，緊張的是我。

你落淚，心痛的還是我。

絕對捨不得讓你受苦難過，更別說被其他人事踐踏欺負。

當然，世界上還是有另外一些愛情故事，充滿了謊言、背叛、傷害、攻擊。

大概，他們並不相愛。

或者，已經不再愛了。

3／10 永遠不分手

或者永遠在分手。

她原本計劃的人生非常簡單。

畢業，工作，戀愛，結婚，生子，日子就這麼過下去。

有很多人追她，約會不斷，但她從不輕易承諾。

很多人信奉騎驢找馬，她卻覺得和不合適的人在一起，是浪費找到正確人的時間。

終於遇到一個，她莊重下了與他牽手的決心，卻發現對方還在一段婚姻中，只好離開，說：「我等你。你離婚之後來找我吧。」

一等就是好幾年，對方溫柔深情，每年郵寄禮物給她說想念說愛，卻始終沒有說離婚說分手。

她知道自己心律不整情商低落，再也不能損失第二次，於是再找男友，把安全穩定放在頭條。當初決定廝守的時候，她認真說：「你千萬不能甩了我，我一定很慘很慘。」

結果安全穩定男把分手兩字說得輕鬆簡單，一次兩次三次，差點就沒掛在嘴邊了。最後，她才聽懂了他的意思：女朋友，是隨時可以分手的。

再約會，怎麼辦呢？
你願意和我結婚嗎？我們可以永遠不分手嗎？
我知道我不完美，但我決定和你在一起的時候，給了你我的心，給了你我的命。
請你原諒我的錯，不要把我的心說扔就扔。

再約會，怎麼辦呢？
你願意和我結婚嗎？我們可以永遠不分手嗎？
不要再說那些激蕩起伏的愛情用語，越劇烈越深刻越讓我膽怯，想到可能又要分手，我就不敢再愛你了。

再約會，怎麼辦呢？
你願意和我結婚嗎？我們可以永遠不分手嗎？
就此結婚，生死與共，從此你只有我，我只有你，不離不棄。曖昧小三也不用怕，吵架離家也總會回來，永永遠遠，你錯我錯，也是另外一人唯一的依靠。
日久天長，過完了一生一世。

或者，乾脆放棄，自此訓練心律提高情商，隨時可以戀愛，隨時可以承諾，隨時可以分手。

親愛的，妳喜歡哪個選項？

3／11 愛得較多的那個

至少，沒有遺憾，不會後悔。

每段戀情中，總有一個，是愛得較多的那個。

總是這個人主動問候對方，總是這個人計畫週末的節目，總是這個人先傳簡訊打電話，總是這個人在經營這段關係。

大多數女生，都不願意做愛得較多的那個——至少剛開始的時候，總是要被男生追求的吧。

很多人努力尋找著他愛我比我愛他多的理想對象。

愛得較多的那個，註定是比較辛苦的那個吧。

但A小姐說：「我覺得，愛得較多的那個，其實是快樂的。」

生命是場冒險，當妳清清楚楚明白自己正在買票入場，而且知道自己接下來要做什麼，妳自己做了這個選擇，已經是一件很美好的事情了。

妳主動問候對方，妳計畫週末的節目，妳寄給他禮物，妳關心他的行程，對方不愛妳也不用遺憾，因為，這個時候，妳在愛。

愛得較多的那個，不用遺憾付出，因為所有的付出，是為了自己的快樂。

妳在愛，多美好。

到了最後，即使不能在一起，愛得較多的那個，一定是沒有遺憾的一方，因為能做的都做了。

如果這麼多努力之後，依舊行不通，妳也沒有什麼好遺憾的了。

愛得較多的那個，其實是幸福的。

愛的時候，百分之百的愛，離開的時候，沒有遺憾的走。

不妨做一次愛得較多的那個。

愛得較多依舊分手不是最慘的；最慘的是，妳愛得多，對方卻一直不知道。

3／12 小情人

不是他的錯，
他只是還沒有成熟。

有個朋友，和比她小十歲的男孩談戀愛，三年甜蜜時光，突然醒來，變成情何以堪的痛。早已經過了為愛心碎的年齡，她卻哭了又哭，最後搭上飛機，跑到異國療傷。

她是個勇敢的人——不是每個人都有勇氣和一個小自己十歲的男人在一起。誰錯誰對不重要，這樣愛過一場，感謝總該超過抱怨——也不是每個男人都有勇氣和一個大自己十歲的女人在一起。

但是，她是更傷心的一方。

另外一個朋友二十二歲，坐在我對面，說：「如果我以後生了兒子，我一定不讓他和小女孩談戀愛，因為他一定是受傷的那一個——小女孩哪裡有時間精力傷心？十分鐘不到，她們已經累了，想睡覺了。」

小情人，個個都是阿修羅，在人群中發出凜冽的光，心卻還沒有成長周全。

小情人不會內疚不會傷神，渾身上下都和超人一樣有自動癒合的能力。

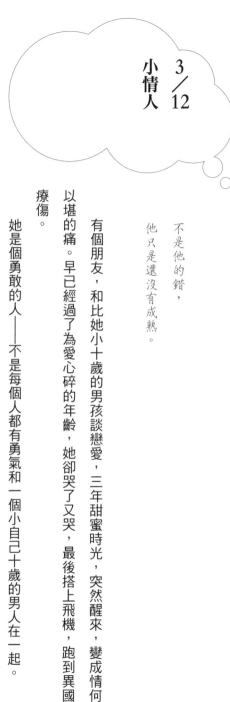

小情人的未來，依舊有無數篇章等著打開，依舊有外太空的秘密等著探索，這樣一想，什麼煩惱也無足輕重。

靠近小情人的一方，註定非死即傷，妳還留在原地緬懷那個親吻，他已經如金魚一樣完全失憶，開始了新的旅途。

怎麼怪他們？

他們只不過是心還沒有成熟而已。

妳年少的時候，何曾不是小情人？丟下一句抱歉，瀟灑離開。

總有一天，人生真實的一頁打開，世界並非最初設想的甜蜜藍圖，更沒有什麼另外一個空間的王子公主外星人。小情人天真凜冽的光芒終究會淡下，在一次次的失望辜負傷害之後，心也會一日日成熟，知道愛的不易，知道擁抱的難得。

這個時候，曾經的小情人，總有一天會夜半醒來，想到曾經那樣珍惜他的妳，懊悔難過，最後流出眼淚。

雖然已經沒有意義了。

3/13 星座

艾奧羅斯，不是你的錯，真的。

被剛認識的人追問星座的時候，我一定會嘴角留邊心中留神，這樣的詢問，一方面是尋找話題，一方面是試探了解。

如果你說：「我是金牛。」

對方通常會接：「又會賺錢又固執。」

再來，妳就得跟上去，「我很像金牛座」，或者「我不怎麼像金牛座」。

一來一往之間，別人已經知道妳的兩個性格特徵了：固執、會賺錢，或者不固執、不會賺錢。

某次對話，男人說：「我是射手座，ＡＢ型。我覺得我還蠻像射手座的。」

對面的女人睜大了眼睛，「我從來不和射手座的男人約會。」

大多數女生都對射手座避如蛇蠍——這一秒鐘信誓旦旦，下一秒鐘就不知道在想什麼了。我有好幾個朋友都在少女時代慘遭不負責任見異思遷的射手男甩掉，上了一堂世界什麼人都有的啟蒙課。

總之，射手男，避之為妙。

我個人比較喜歡摩羯座——聽到對方是摩碣座馬上加十分；聽到金牛座則會心裡嘀咕兩頭牛在一起不知道會怎樣；聽到天蠍就覺得不能得罪，但是不知道為什麼，天蠍女生和我挺有緣的。

射手男如果聰明，面對心儀而且相信星座的女生，星座這個話題請避而不談。如果真的要回答自己的星座，請記得補充：「我覺得自己不像射手座。」否則對方突然變得客氣禮貌保持距離甚至再也見不到人影，也不是什麼太奇怪的事情。

當然，萬事皆有例外。

這幾天有個專情的朋友說他依然深愛著已經結婚的前女友，痛苦萬分不能釋懷。看他痛苦不堪的樣子，我只能說：「你真沒用，一點都不像射手。」

3／14 我相信

我相信，因為我相信相信。

妳對工作專心負責，卻在裁員名單看到了妳的名字。
妳非常關心在意某個朋友，卻聽到朋友對別人說妳的壞話。
妳愛上了一個人，給了他妳的心，卻被欺騙愚弄，心被扔到地下踩了兩腳。
妳又意外又傷心，覺得不值，覺得憤怒，覺得委屈傷心，整夜不能入眠，又突然唏噓落淚。

「為什麼要這麼對我？我對你那麼好！」

這就是成長。

在一次次的事情中，妳學會了保護自己，學會了計算成本，學會了聽人說話只信一成，甚至學會了欺騙傷害別人——反正別人也是這麼對妳的，這不過是遊戲規則。

親愛的，把那些不好的東西忘掉。

別人辜負傷害了妳，是對方的錯。

妳為什麼要為了別人的錯誤貶低妳的人格與人品，讓妳成為一個不好的妳？

花一些時間，消化稀釋妳的憤怒傷心。
再遇到什麼人什麼事，還是選擇相信。
相信是真的，相信是好的，相信世界是美麗的，人類是善良的。
相信他會珍惜妳，愛妳。

如果不再相信，妳活著為了什麼？
為了謊言為了欺騙為了傷害？
為了吃飯為了睡覺為了繁衍？

3／15 大女人與小女人

買大賠大，買小賠小。

某花花公子正在告訴我大女人和小女人的區別，他從十五歲玩到五十歲，可說是閱女無數。

「對我來說，大女人比較好，因為比較好甩。」他說。

他家曾經被兩個小女人砸過兩次，因為想甩沒甩掉。

大女人不會這樣，她們頂多發給你一通簡訊，你不回，她們一定就此停住，絕對不會奪命連環扣，甚至一哭二鬧三上吊；小女人則會不停發簡訊給你，如果惹毛了她，她會做出讓大家都很難看的事情。

花花公子最後總結：「大女人愛面子，要獨當一面；小女人相反。」

當然，也不是每個人都被女人砸過兩次家，但是老實說，他說的確實有點道理。大女人確實比較好甩，至少我從來沒有聽過身邊的女權主義女性朋友跑去砸了男人家。

即使知道男人是騙子，她們最多轉身就走，一定不會鬧事，因為浪費時間精力，因為不值得。

我有個朋友曾經被騙財騙色，兩年之後警察打給她，那個男人已經被逮捕，我們才知道這件事情。

她不吭聲的理由很簡單，一來不值得，二來告訴人家這麼一段不光彩的交往故事，好像也沒什麼好處。

換成小女人，她們一定會讓全世界都知道這個男人騙了她的錢，然後讓這個男人在社交界徹底消失。

這個世界真的有壞人，約妳三次，跟妳上床之後就玩消失，出來吃飯總是沒有帶錢包，或者認識三個月就找妳借錢。

大方的大女人，多數不會去質問或投訴。

可是，如果世界上所有的女人都像小女人，男生做的不對她們會質問，會投訴，甚至會報復，世界上的壞男人應該會少很多吧？

真心建議，我們偶爾也應該學習一下小女人找人麻煩——如果學不會，至少也致敬一下。

有的時候，做個麻煩的小女人，有利於社會進步，也能促進經濟發展。

3/16 一千封情敵的來信

一千個傷心或者不用傷心的理由。

我有個朋友J，三個月之前開始和一個醫生X約會。三個月裡，他們進展良好，一起度週末，一起策劃旅行，直到有一天，J收到一封神秘來信。

「這封信是發給所有被X騙過以及正在被騙的人：這個男人很壞，他不值得信任。」

信件的署名是X的太太，收件人的地址裡有十個女人。

第二天，J收到了一百多封信，分別是剩下的九個情敵寫來的。有文字，有照片，有人問：「我和他在邁阿密度週末的時候，他有打給妳們其中的任何一個嗎？」

十個女人在一起，討論這個她們交往過甚至交往中的男人。

「從信件裡，就能看出來這些女人的性格。」J說，「有個韓國女人，一開始就跟我們說請把她的名字刪掉，她不想和這件事情有關；剩下的有白人有黑人，多數是美國人，也有西班牙、墨西哥、義大利……」

女郎A寫來一封又一封長長的信回憶她與X在一起的美好時光，最後悲傷的說，「我愛他，我感謝他給我的美好時光。寫完這封信之後，我不再愛他了，因為他對我撒謊。」

女郎B興高采烈，「我和他只約會過幾次……沒想到他這麼壞！」

女郎C，「我們是不是應該報警？」

女郎D不停追問，「他是不是要和他太太離婚了？不知道他們的房子、車子怎麼分……他們的房子好漂亮，不知道他拿不拿得到？畢竟他太太已經有證據了。」

女郎F說，「也許我們可以約出來喝個東西？既然對男人的品味相同，我想我們可以做朋友。」

每天，一堆女人的談話就會準時出現在J的郵箱裡。

J每天刪除一百多封信，持續了兩週之後，她終於忍無可忍，全體回覆：請把我的名字刪除，我不想和這件事情有關了。

「也不是同時和十個人交往，這幾年斷斷續續吧。和我交往的時候，X說去雪梨出差，其實是和另外一個在一起。」J說。

J不傷心，她事業成功，身邊一堆追求者。

我的建議有兩個。

一，這個世界確實有壞男人。相信妳的第六感。

二，別讓另一半知道妳的郵箱密碼。

3／17 愛情合約

愛情三大合約：婚前協議書，結婚證書，離婚協議書。

C小姐和他熱戀了八個月，之後冷戰了九個月。

兩個人都不願意分手，決定再見一次，給對方最後一次機會。

男人先開口，非常有條有理，「一二三四五六七……妳做到這些，我們就還有機會。」

C聽到第三條就已經崩潰了：「不用了，我們分手吧。」

之後，C跑來找我，情緒非常激動：「我不能一輩子生活在他的要求下！沒有尊嚴的愛情要來做什麼？」

我讓她把對方的要求一條條寫下來。

第一：隨時報備。

第一條C就接受不了，覺得被控制，沒有尊嚴。

我說：「傳個簡訊讓他知道妳在哪裡，有那麼難嗎？妳又不是神盾局的特工，也沒有出去和別人約會——妳要這段感情嗎？如果他要知道妳在哪裡，做什麼，就讓他知道好了。」

第二：沒有秘密，告訴他所有的事情。

我說：「你們已經在一起一年多，他卻說這樣的話，從反方面也表示之前你們的距離感很強。很難嗎？他要知道就告訴他好了，妳一不做賊心虛二不身上有屎，有什麼不能說的？」

之後的三四五六七，C根本沒認真聽。

「事情其實很簡單。」我說：「如果妳想要這段感情，如果妳愛這個人，就做那些讓他高興的事情。」

C的回答也有道理，「如果他愛我，為什麼這麼多要求？為什麼要我做我不喜歡的事情？」

通常到這個時候，事情就卡死了。

很多情侶吵到最後，都覺得對方不可理喻。

我只想問一個問題：妳願意被他要求，還是與對方分手？有多少情侶，出了問題，流眼淚指責，鬧手機分手，一方生悶氣，一方覺得對方無理取鬧。不如想清楚吧：妳要什麼，什麼對妳很重要。

以C的狀況來說，既然男方已經提出要求，C至少應該冷靜聽完，如果要這段感情，就只能盡量去做，實在做不了，至少也知道為什麼。

別怪對方不愛自己，那是他重視的；既然妳給不了，那就擁抱一下，安靜走開吧。

另外，建議妳，讓他把他的要求按照重要度排序。哪些是原則性的絕對要求，哪些是非常重要的要求，那些是沒做到會不開心的要求，那些是可以睜一隻眼閉一隻眼的要求，哪些是幾乎可以忽略如果做到了要給獎勵的要求。

他排序的時候，也就知道哪些事情其實不是那麼重要，可以不用要求妳。

妳要這段感情，就去做，沒有條件的去做，做不到就離場。同時，妳也給他一張妳的要求清單，告訴他妳想要什麼。

C說得也對，如果他愛妳，他就應該遵守妳的要求條款，為妳做一些妳喜歡的事情。他做不到妳的原則性要求，妳大可以走得清清楚楚。

還是那句話：愛，就是給對方想要的東西。妳愛他嗎？給他他想要的。
他不能或者不想給妳妳想要的，那就離開吧。

3／18 寫給珍珠的一封信

分手的理由，一個就夠了。

妳告訴我，「我們分手了，正式的。一個月了，我不能吃，也不能睡。」

我對著電腦寫這篇文章給妳，眼眶有點紅，嘴角卻忍不住笑了。

親愛的，妳一定會沒事的。

只是這個時候，我幫不了妳，唯一能幫妳的，只有萬能的時間。

我知道，你們中間一直有波折，從最初「我是你女朋友嗎」到中間「他的女性朋友」，妳給我了不少寫作的靈感，而到了最後，我只能在這裡，為妳寫這篇總結性的分手陳詞。

妳說：「這次，可能用一年去忘記。」

親愛的，用多少時間去忘記，和你們在一起多久沒關係，而是和妳決定用多久去忘記有關係。

妳可能一輩子也不會忘記，因為妳不想忘記；也可能一轉身就忘記了，因為妳突然覺得其實也沒有什麼值得妳懷念的。

妳說：「我不相信。怎麼會說不愛就不愛了呢？」

親愛的，妳忘了，你們已經考慮分手好一陣子了。
這一陣子，他已經準備好了。留在原地的，是妳。
不用替他找藉口。和妳分手，理由只有一個：他不夠愛妳。
他知道他對妳的重要性，卻依舊選擇了傷害妳。
親愛的，他不愛妳。
這一個理由就夠了。
妳還能說什麼呢？

親愛的，會發生這樣的事情，表示妳值得更好的。
總有一天，會有一個人，他總是想看見妳，想約妳出去，買妳喜歡的東西，尊重妳的生活和夢想，支持妳，愛護妳，即使妳出醜，即使妳做錯，他也會在妳身邊。
之後妳回頭看，只會覺得幸運。
讓妳快樂的人，會疼妳愛妳，對妳好，他們根本捨不得讓妳流眼淚。
有些人是妳生命中的橋；遇到他，是為了跨過去。

請和我一起大聲朗讀下面的文字。

拜託你快點走出我的生命！很多人等著哄我開心！

謝謝你對我這麼不好！我再也不會撞上同樣的牆！

總有一天，你會知道你失去的是什麼！

沒有和你在一起，是上天給我的禮物！

下一個人，一定會愛我寵我疼我！

沒有你的世界很美好！

拜託你快走！

再也不要來煩我！

3／19 我需要幫助

在相忘於江湖之前，
相濡以沫也是很好很好的。

在電影「二十八天」裡，珊卓布拉克是一個從早到晚酗酒爛醉的女人，搞砸了自己姐姐的婚禮之後被送去戒酒中心，在裡面度過了二十八天。

我想，每天買醉，一定不是因為開心，而是因為不開心，只好追求酒精和藥物帶來的感官刺激。

電影很好看。

男朋友跑來戒酒中心，帶著香檳來的。

某個酗酒的人問：「我什麼時候可以再開始一段感情？」

培訓師回答，「妳出去之後養一棵植物，一隻寵物，如果過了一年兩樣都沒死，妳就可以重新約會了。」

最後弄哭我的那段是，珊卓布拉克終於肯面對天空，大喊：「我需要幫助！」

我彷彿看到以前的自己。

雖然我沒有酗酒或嗑藥或者搞砸什麼大事，但是那樣的倔強，總覺得自己什麼都搞得定，即使去看心理醫生也和人家玩智力問答，死也不肯說我需要幫助。

真是一模一樣。

有不少人，遇到問題都是自己扛著，對其他人報喜不報憂，即使是最好的朋友。好事情可以說，不好的事情自己想辦法解決，萬一解決不了，只好用一些別的方式去紓壓，例如暴飲暴食、酗酒，甚至輕生。

我一直覺得除了專業的勒戒機構，也應該多一些心理分享機構，例如酗酒患者保密分享協會、失戀分享協會等等。

妳可以在那裡分享妳的問題，妳的麻煩，不怕被嘲笑，也不怕給別人添麻煩，因為他們和妳有著一樣的麻煩。妳可以放下心牆，坦誠訴說妳遇到的問題，妳不知道怎麼解決，這週哪裡妳做得好，哪裡妳做得不好，更重要的是，聽眾完全可以感同身受。你們抱在一起哭，彼此監督改進。

也許有一天，我會開辦各式各樣的麻煩分享協會。

遇到什麼問題，有個地方可以讓妳放心分享大聲哭泣，妳可以大聲在那裡喊出來：「我需要幫助！」

多好。

我又想哭了。

3／20 妳真的可以嗎？

因為怕失去，因為覺得要對自己和別人負責，不能再像以往那樣毀掉一切，所以妳竭盡全力去挽留，妳放下自尊，一次又一次打電話、傳簡訊。

只要還有愛，怎樣都可以。

妳把堅持鼓勵的話寫在牆上，妳把責任攬到自己身上，告訴自己這個要改那個要改，並且偉大的拋出驚人的豪言壯語：「除非你有了別人，或者你打我，否則我都不會走開。」

呃——所以妳是想逼他打妳？

妳真的可以嗎？

妳真的可以接受每次約會都不知道要做什麼，妳說，好，以後妳來計畫。

妳真的可以接受對方兩三個禮拜都不打電話給妳？妳說，好，只要他心裡在乎妳。

妳真的可以接受他度假回來也不找妳，LINE 上面的那個 Hi，永遠要妳先和他說？嗯，妳告訴自己，誰先和誰說話並不重要。

妳真的可以接受他節日的時候不出現？反正妳有很多朋友。

妳真的可以接受承諾和甜言蜜語變成了年度計畫？妳說，好，他曾經說過，甚至心裡說過就好。

妳真的可以接受他把妳扔在街上轉頭就走，妳隔天再打去道歉？妳說，好，總要有人先低頭的，只要你們能夠和好。

妳真的可以接受他不接妳的電話，不回妳的簡訊，在妳想見他的時候瀟灑的告訴妳他想自己待著？妳想，給對方空間是應該的。

妳真的可以接受妳問他想不想妳，卻聽到他一聲嘆息，妳掛電話之前依舊禮貌的說晚安祝好夢。

妳真的可以嗎？

妳真的可以嗎？

妳都可以做到？妳真是個好人，如果我是個男人，我一定娶妳。

但是，請容我不解的問一句：妳嫁給我，到底是為了什麼？

也許妳知道 Mr Right（真命天子），Mr Big（大人物樂團），但妳更要知道，這個世界上還有 Mr No（不先生）。

「我不想接妳，也不想送妳。」

「我不想幫妳去櫃檯拿果汁和沙拉。」

「我不想講話。」

「我不想出去見妳的朋友。」

「我不想去買宵夜。」

「我不想關燈。」

「我不想聽。」

「我不想談。」

在妳竭盡全力收起個性從頭到尾說「好」，用微笑、默認、誠意和道歉努力解決所有問題的時候，不先生充分展現個性，無論大事小事，一次又一次無意或者認真說不，向妳表明不要這個，不要那個。

是的。

這就是他的世界，如果妳要走進去，一切都要這樣運轉。

這就是真實的他，他不打算改變。

他不會遷就妳，也不打算付出，所以現在就表現出來，妳還是早點收到這個資訊的好。

妳該看到你們所有的差距和問題。妳能不能忍受？妳能不能解決？

他只想按照他的方式生活，如果妳不能接受，請放棄吧。

他不確認那個人是妳，所以不打算再做任何事情。

當妳用行動和言語求同存異，努力證明一切都會好轉，妳會遷就，妳會改變，事情會變好，不先生卻淋漓盡致的展示性格和原則，竭盡全力向妳證明和他相處有多難，你們真是太不同了，如果妳不能完全按照他的方式來，請妳放棄吧。

如果這就是妳要的，恭喜妳，妳贏了。

每個人心裡都有一個河
馬女，期望某天醒來，就
可以發現自己的長頸鹿。

第四個夢
全世界的河馬女

4／1 情人的禮物

我這個給你，我那個給你，我整個都給你。

小時候，父母教我：男孩子的禮物，除了玫瑰花和巧克力，別的都不可以要。

十幾歲的時候，曾經有個男孩子送給我一條名貴的水晶項鍊。我很喜歡，猶豫了一下，還是退回去給他，說：「太珍貴了，我不可以收。」

那個男孩子之後再也沒有找過我。

其實我不是不喜歡他，只是不敢收他的禮物。他繼續約我，我還是會出去的。沒想到的是禮物退回去之後，他再也不見我了。

後來我才知道，我以為我拒絕的是禮物，他以為我拒絕了他的心。

長大後，我看過一些女孩，只要認識新男人就拉他去購物，隔天得意洋洋展示戰利品，幾千元的鞋子，幾萬元的手錶，十幾萬的包包。

「幹嘛要自己買啊？」某個女孩得意的說：「他愛我就會買東西給我，捨得在我身上投資。」

原來長大之後，情人的禮物，可以是衡量感情的籌碼。

真心相愛的時候，收到的禮物才是最讓人開心的。

不合身的印度禮服，過氣的黃金胸針，不小心遺失的戒指，小店裡買來的乾燥花，路邊攤的絲巾。

當年收到禮物的時候，妳說他沒有品味，多年後想起來，只覺得自己好傻。

現在，只要他肯為妳在女性專櫃輾轉流連，即使買來的東西完全不能用，妳也會覺得妳是世界上最幸福的人。只要他在妳身邊，不管送的是路邊的薔薇還是天上的星星，妳都會甜蜜微笑，流出眼淚。

不過，愛一個人，就會買禮物給對方，這是真的。

愛一個人，時時刻刻處處看到的東西都與對方有關，食物飲料書籍音樂內衣外套手錶項鍊房子汽車遊艇，愛一個人，就是恨不得把全世界都給了出去。

也難怪很多女生會用禮物判定男人。

4／2 租房子

那扇門，那扇窗，電光，石火，秋涼。

一個女人會睡過多少張床？住過多少間房？又有多少間房是自己的？

租來的房子，不過是個臨時落腳的地方，期望和投入大概不會很高，任何大規模的投資都是浪費，所以租房子的時候最好設備齊全，帶著隨身行李就可以入住，也可以隨時離開。

租來的房子，就像是某些戀情。可能是妳閉著眼睛摸到的，明知道不會長久，但目前也不會離開，可能沒有愛，可能只是需要。某些地方某些時候或者是真的，可惜最後註定了妳不會住在這裡，眷戀糾纏不捨，心知肚明，同時又無可奈何。

從租房子的方式，就可以看出一個人的深情程度。

帶支牙刷入住最後扔掉牙刷離開的人，做事清楚，重視實際，感情上一定不會做無謂的投資，在沒有把握的情況下不會付出；一旦付出，也必定要求收穫。

另外一些人，明知道只是暫住，但在經濟允許的情況下，一定會買花買草換地毯換窗簾，恨不得打通房間徹底裝修。這些人重視感官情緒，即使最後走的時候哭著把小狗送人，容易愛上容易受傷的特質也不會變。

也有些人，最初興致高昂，精心規劃，三個月之後卻疏於打理，狼藉一片，即使明知道感情是短期行為，也會真心而發，不過性格註定了他們虎頭蛇尾，不善經營，房間如是，感情亦如是。

我在巴黎渡過一段租房生涯。每一次租房間都知道我不過是個過客，每一天都警告自己這裡不是歸宿，離開的時候會贈送全部身家，但環顧四周，熱愛的粉紅色Hukla大床，Toshiba的新款電視音響，粉紅紫的垂地印度蠶絲窗簾，懸掛在牆上的風乾花，以及無數細小瑣碎的擺設，我才驚覺，又深陷於不知不覺了。

租來的房子，短短長長的戀情。

都市女子理智高高在上，知道最終要離開，對方不過是個暫用的男人，日日警告不可陷入，公眾場所裝作不以為然，但身體裡的另一個自己，卻被無數微小枝節感動，深陷其中。

此去流年，離開之後，某個夜半想起，突然會落下淚，最後不得不承認，也終於肯承認：其實愛過。

4/3 療傷

傷口是愛的筆記，時間則能證明愛的深淺。

遇到兩年不見的朋友，兩個住在地球兩邊的人，半夜不睡覺，在網上聊兩年的變化。

海外生活大多簡單樸素，工作沒有太大變數，她重心放在戀愛上。

兩年，她分手了兩次，正在策劃下一次旅行和約會。

多麼勇敢。

我讚賞，卻不羨慕。

兩年分手兩次，不在我的承受範圍內——光是想想都痛死了。

同樣，我也很難想像兩年愛上兩個不同的人。

每次結束一段戀情之後，哪怕是我轉身先走，未來的一兩年內也都很難再愛了，

即使和誰約會，也肯定品質不高，付出有限。

療傷要多久？

實際上，對於那些轉身分開馬上就能開始新感情的人，我不是不羨慕，只是水準相差太遠，只好很有自知之明的退避三舍。

時機很重要。

即使對的人出現了，不在戀愛的情緒裡，也是沒用的。

我從來不贊同結束一段感情之後迅速開始另一段感情做為止痛藥。

妳的心還是亂的，妳的眼睛還是紅的，抓個人為了自我安慰，新的感情，品質又能高到哪裡去？

所以，我也從來不敢和剛分手的男人約會，深怕自己一不小心變成了白癡炮灰和別人的救命稻草。

世界大同，人卻有千姿百種。

我也認識很多人，剛剛結束一段苦戀就牽著新人進場，甚至閃電結婚。

療傷要多久？答案超過一萬種。

4／4 情侶裝

勸君珍惜情侶裝，勸君惜取少年時。

熱戀中的情侶，最極致的就是買情侶裝，恨不得向全天下昭告他們在一起。情侶裝，有的兩件相同，有的不同卻互有關聯，兩個人貼在一起變成一顆心，或者一長一短，或者一綠一粉紅。

身穿情侶裝，應該是最幸福的。

不用處心積慮猜疑，不用擔心言談分寸，不用煎熬得失，這一剎那，對方穩穩在妳面前，全身都是愛妳的LOGO。不管路邊有什麼花花草草，對穿情侶裝的人都失去了殺傷力，彷彿自動隱形。

初戀的時候，不會介意手牽手穿情侶裝，眾目睽睽。

多談幾次戀愛，情侶裝，一方面不新鮮了，一方面也謹慎了。

誰願意把自己的秘密公佈於眾？誰知道可以愛多久？搞不好沒過多久就變成別人嘴裡的笑話。私底下怎麼樣都可以，和對方穿情侶裝招搖過市？這可是一件驚天動地的大事。

年少時候，不知道怎麼愛，恨不得寸步不離，變成對方身上的一根肋骨，恨不得合而為一，穿情侶裝，或者在身上刺上愛情的標記。

戀愛幾次之後，發現能給出空間的人，才是好的對象。

他為了週末的派對買了情侶裝，我仔細看看，雖然設計著實可愛，最後還是笑笑：「穿這樣，會有點傻吧？」

4／5 後來

妳總算知道了那時候是愛。

有一陣子，他們多多少少來往密切。一起吃飯聊天，去他家打麻將，他剛搬到這個城市，沒有車子，但是打完麻將他一定會送她回家，深夜的計程車上，兩個人談天說地，時間過得飛快。

分開的時候，他會給她一個擁抱，或者親吻她的臉頰。因為以前住過歐洲，每天都被人親來親去，她也不覺得那是什麼特別的事情。

沒有任何曖昧和親密舉動，但心裡，隱約的好感是有的。

一個意外的機會，她知道他其實有個女朋友在外地。

之後，她也去了外地，大家都很忙，生活中不停有新的人和事情，他們偶爾會在網上聊個幾句，或者傳通簡訊，或者打通電話。

再次聚在一起喝下午茶，是一年之後。

大家都很開心，她問他的婚期，他幫她想工作前景。

兩個小時之後，大家站起來，各自去各自的下一場。

他們站在餐廳門口告別，她像以前一樣站在那裡等他擁抱告別，他卻絲毫沒有反應，她只好伸出了手。

他愣了一秒，伸手，握手，然後轉身離開。

走了五十米，她突然笑了。

原來那個時候，他們之間，比朋友多一點點。

原來這次之後，他們之間，才真正做了好朋友。

4／6 愛筆友

一天寄一張，沒有地址的明信片給妳。

他們曾經很愛很愛。

百分之百的信任，恨不得每分每秒都見到對方，覺得人海茫茫，自己竟然如此幸福可以遇到對方，兩個人走到哪裡都十指緊扣，恨不得做連體嬰。

本來說好兩年後結婚。

男生辜負了女生，也沒有再見面。

奇怪的是，他依舊寫信給她。

情人節、耶誕節、生日，以及每一個他想起她的時候。

都是我不好，希望下輩子我可以補償妳。

永遠愛妳。

再也不會像愛妳一樣，愛任何人。

更奇怪的是，他偷偷來看她，跟蹤她。

昨天晚上，妳去了哪裡哪裡，穿什麼衣服。

我在妳後面，但是我沒有臉見妳。因為是我辜負了妳。

都是我的錯。

剛開始的時候，女生每次看他的信都會哭得嘩啦嘩啦，她求他和她見面，她一直在等他。

但男生始終沒有出現，只是持續寫信，寫那些讓人傷心的情書。

這樣過了一年，她終於忍受不了，回信給他：

你走吧，不要再影響我的生活。我要和別人開始了，請你讓我安靜吧。

又過了兩年，她多少也看了一些人，但是始終沒有再愛過誰。

他的信依舊沒有停。她照樣會看，有時候也會回信。只是不再哭了。

而且，每一次看到他的信，她都忍不住想笑。

愛我，卻不肯和我見面。

她想，或許，你並沒有那麼愛我。

4／7 玩樂有道

盡情揮灑自己的色彩，因為年輕不該留白。

不知道從什麼時候開始，看到一些女孩子，我開始覺得觸目驚心。奇怪，她們怎麼能夠每天晚上出門，和不同的人喝酒跳舞直到早上六點，好像不用工作不用休息一樣，好像玩就是她們的工作。

認識她們其中的幾個之後，我旁敲側擊把這個意思講出來，馬上就覺得後悔，各人有各人的生活，我管人家的閒事做什麼？

對面的女生笑笑，「妳像我這個年紀的時候，在做什麼？」

對面的這個女生，長長黑黑的頭髮，臉龐乾淨透明得像水晶。應該是二十歲出頭吧。

我二十歲出頭的時候在做什麼？剛剛開始讀碩士，作客他鄉，日日為了考試或演講熬到天亮，其他時間，腦子裡只有玩和戀愛。週末打死也要出門，跳舞到天亮，早上昏昏沉沉回家，一覺睡到下午，又開始打電話安排晚上的節目。

除了跳舞喝酒，剩下的就是約會，和形形色色各個國家的人交往，沒有功利心也沒有真心，一點點的快樂，大約是新鮮感。

看著她們，覺得她們浪費青春美麗的時候，回頭想想曾經的我，好像也是一樣，甚至比她們更過分。

如今的我，只不過是不得不成年獨立，人不能永遠藏在父母翅膀下，不得不為自己的未來做些打算，不得不好好保養，不得不努力工作，剛剛開始另外一條道路，就開始覺得這些女生不務正業，真是典型的五十步笑一百步啊。

什麼年紀，就該做什麼樣的事情。

十幾二十歲，就該努力讀書開拓視野玩樂戀愛，過了二十五歲，多少也玩了六七年，自己的生活要求、喜歡口味都已經清楚，加上二十五歲之後身體皮膚也開始走下坡，要開始注意各方面的保養，再也不可以和以前一樣玩到天亮，滿臉濃妝沒卸卻倒頭就睡。過了三十歲，應該很清楚知道自己要什麼不要什麼，不去工作，每天忙著狂歡約會，多少有點奇怪吧。

二十歲的時候貪玩從來不內疚，如今凌晨兩點回家就覺得過分了。

回頭看自己的荒唐歲月，我倒也不後悔，依舊鼓勵女孩子一定要多談戀愛多讀書多出去玩，為日後看人待事更清楚，也為了短暫的青春歲月。

如果沒有醉過笑過哭過錯過，活著又有什麼趣味？

但我同樣相信，玩了十年之後，如果妳出去喝酒跳舞到天亮，不是為了好友相聚，不是為了愛人一笑，也不是為了賺錢生活，那妳不是無事可做就是腦子進水了。

4／8 衣服底下的那些衣服

以男人的角度看，內衣是性感的；穿著性感，不穿更性感——反之亦然。

女人會因為內衣難看，而拒絕和男人做愛嗎？

會。

男人會因為女人內衣難看，而不和女人做愛嗎？

不會。

男人的奮鬥目標就是解除女人最後的障礙，即使他們看到了一件阿媽的大內褲，腦袋裡也甚麼都不會想——詳情請見「ＢＪ單身日記」。

ＢＪ隔天做的第一件事是不是去買情趣內衣，不得而知，但無可非議，大多數女人會從有了第一個男人之後開始用心買內衣。

少女時代，內衣款式都差不多，棉織小背心，卡通內褲，每天醒來摸到哪件穿哪件。有了男朋友之後改頭換面，走進內衣專賣店，開始研究什麼是透視低胸，什麼是吊襪帶，之後開始研究快樂小廚娘、清純護士裝，我們摸著超薄網紗露背款不肯鬆手，想像著自己變得鬼魅妖豔……

我們買透明胸罩，買不同顏色帶著羽毛裝飾的胸罩，買只有一串珍珠夾在臀部的丁字褲，舒適不重要，重要的是讓他永生難忘。

每一次內衣採購，都像是一次嘉年華會的預演。

每個女人，應該至少都有個十幾套內衣。

內衣會說話。

交了男朋友之後，在他的浴室掛一件透明胸罩或蕾絲睡衣：此草有主，請勿騷擾。

珍珠串丁字褲：今天晚上，你不想探索一點新的東西嗎？

誘惑護士裝：你希望美麗小護士怎麼照顧你？

有羽毛裝飾的全套吊帶襪：最近你對我真好，晚上讓我好好回報你——放點音樂，大表演要開始了。

棉織運動內褲：今晚很累，洗洗睡吧。

如果女人洗完澡之後只穿著內衣在臥室走來走去，那表示：我是一個精心包裝的禮品盒，快來拆緞帶吧。

女人是完美的——除非是脫光之後。

當然，我們買內衣，不是全然為了脫下來，而是為了穿著。

胸部太平，只好買調整內衣，每天帶著兩袋水走路——當然不舒服，但是穿上之後飛機場馬上變成小山丘，身體的S曲線也出來了一半，男人開口就誇妳身材好，怎麼捨得脫？

屁股太平，不用擔心，有類似功能的內褲，穿上去，S曲線又多了一瓣，馬上有人在妳身後吹口哨，怎麼捨得不穿？

所有的一切，除了脫下來之外，怎麼看都好看，甚至可以放心地讓對方摸，手感非常真實。

穿內衣調整身材的女人，最怕的應該是遲早有一天，內衣得脫下來。知道那些都是海綿都是水之後，他還會愛我嗎？

整型手術？太危險也太痛了，還是先戴著吧。說不定運氣好，某個男人愛上的是我的靈魂呢。

敢不穿內衣出門的女人，通常有兩種：超性感，以及超不性感。

套個T恤就出門的女人，走兩步喘口氣胸部就跟著跳跳跳，你以為她自己不知道？妳跟男朋友去夜店，跳到一半突然告訴他妳今天沒有穿內褲，看著他壞笑，他肯定馬上開始找洗手間在哪裡，或者直接拉著妳離開。

有男朋友的時候，穿內衣是為了讓他脫，不穿內衣是為了讓他不用脫。

沒有男朋友的時候，我們一反常態，穿著從上到下包成粽子一樣的塑形內衣。胸前背後密密麻麻至少二十個鉤子，想穿上去，妳需要吸氣吸氣再吸氣，大腿內部肌肉上提才塞得進去。穿這件內衣，每天至少要花二十分鐘，晚上有時候乾脆穿著不脫——據說一直穿著，久了，就可以一直保持這樣的體型。

沒有男朋友的時候，我們穿百分之百純棉，我們穿百分之百真絲，我們不會穿羽毛或者珍珠內褲，內衣一定不會讓人記憶深刻，也不會光怪陸離，一定是最舒服的，或者對自身最有好處的。

沒有男朋友的時候，我們不用悅他，我們只是悅己。

悅己是快樂的，悅他是需要付出代價的。

但女人總是冒著危險，去穿各式各樣奇怪的不舒服的東西。

因為妳愛他。

4／9 沒有風度

請當一個有風度的沒有風度的追求者……咦？

女人最怕沒有風度的男人。

出口傷人甚至動手，在感情和金錢上斤斤計較，隨地吐痰，林林總總。

我們可以容忍男人不帥，沒有錢，甚至可以容忍他衣冠不整，但是，沒有風度的男人，會讓我們第一時間快快跑掉。

更讓我們害怕的，是沒有風度的追求者。

動不動驚魂電話打來，完全不管是不是凌晨三點，而且頗為執著，可以持續響半個小時。

妳告訴他妳不能和他吃飯，他怒掛電話。

妳告訴他妳不喜歡他，他怒罵妳不珍惜或者欺騙他的感情。

妳不接他電話，他在妳家樓下怒等，看到妳就衝過來要和妳怒談。

沒有風度的追求者，會讓本來可以挽救的關係陷入癱瘓死亡。

沒有風度的追求者，會讓妳更加確定和他疏遠的決心。

所以，親愛的，不管多愛他，請做一個聰明的追求者。

不打擾對方的生活，保持必要的禮貌、尊重和客氣。

讓對方覺得安全舒心，而不是危險和無奈。

不管妳多愛他，如果妳被愛沖昏了頭，變成了沒有風度的追求者，就請妳做好失去他的準備吧。

4／10 愛是賭博

同花打得過A士，除非你老爸變成了兔子。

她又愛上了。

她說：「就像詛咒一樣。每次我一用心，就輸得很慘。」

她是個絕對出眾的美女，教育背景和家世都屬上上等。約會的都是大小明星，社會名流。

愛她的人多的很，隨便數都有十幾二十個追求者。

她對這些人都不怎麼樣，也不知道為什麼，他們就是對她很好很好。

但，只要她一用心，就會輸得很慘，不被重視愛護，整天鬱鬱寡歡。

其實很正常。

在乎了，就會失去平常心，即使是行家，也很難超常發揮，只會次次失常。

明知道不該酒後打電話給他瘋言瘋語，但醒來，撥號記錄與次數會讓妳羞愧。

明知道該等他約妳，妳就是會先傳簡訊給她。

明知道該等他道歉，妳哭了二十分鐘，居然跑去哄他。

明知道該走，卻賴在那裡。

明知道該說些甜言蜜語，出口卻總是言不由衷。

明知道該做的是什麼，卻總是做不到。

明知道不該做什麼，腦門一熱就做了。

愛是一場賭博，一場註定用心就會風險暴漲的賭博。

妳愛十分，他回報感動的一分，賠率十比一。

妳恨十分，他已經離場，還是沒有勝算。

太用心，於是賺進一點點籌碼就覺得快樂幸福，天旋地轉；害怕輸，才會容易憤怒、嫉妒、傷心，才會輸得精光還不肯離場，拼命追加賭注，傾家蕩產也在所不惜。

贏家，一定比較冷靜，比較無情的那個。

以小搏大，佔盡先機，還會聰明算牌，賺夠仰慕愛意，又夠理智機靈，見好就收，連離場都分外體面，風度翩翩。

明明不愛妳，將妳拒之門外，還有本事讓妳覺得是妳不夠好。

我們都有很多機會做贏家，卻苦苦期待大輸一場，就算輸得頭破血流，休養生息，元氣稍稍恢復，隨即開始下一場豪賭。

輸，卻不後悔。

能贏也不想贏。

謝謝你讓我笑過。

謝謝你讓我哭過。

謝謝你讓我愛過。

4/11 補心人守則

守則什麼的最討厭了。

故事永遠比真實美好。

六年之後，三毛和荷西再會。

三毛說：「為什麼你不早來？現在我的心已經碎了。」

荷西把三毛的手放在他的胸膛上，說：「這裡，有一顆金子的心，我和妳換。」

溫情感動，美好動人。

妳會永遠記得那個在妳最痛的時候進入妳的生命，開始讓妳笑的人。

能夠去愛別人，慢慢補好別人那顆心，是大幸福，大快樂。

遇到一個人，受傷受挫，滿心滿臉傷痕憔悴，妳難免會想當那個補心人。

可惜不是每個人都有運氣和能力演好這個角色。

守則一：他需要妳，但他不愛妳，或者還不愛妳。

別忘了，不久之前，他還糾葛痛苦像個瘋子。如果對方說他已經完全忘懷，肯定是在安慰妳。如果妳相信，則是妳太天真太自大。

他或許會不停打電話給妳，會很快給妳承諾，但他仍舊沒有愛上妳。

他只是需要妳，需要妳甜蜜忠實在那裡，隨時可以安慰取暖，妳是他疲憊時的枕頭，受傷時的醫療站。

千萬不要相信對方愛妳，否則接下來吃苦的一定是妳。

守則二：妳可能得當他一陣子的「一言難盡」。

不要糾結對方為什麼不肯更改臉書的感情狀態，接受他不帶妳出去見他的朋友同事，他絕不承認自己有妳，甚至妳得理解接受他繼續見最愛的前女友。

他也許會對她說：「妳還是一個人嗎？我們還有機會嗎？」以及「等妳結婚之後，我隨便找個人結婚就好。」

他會警告妳不准接他的電話。

請妳好好待在家裡，理解他缺席妳所有的重要時刻。

不要替他公告天下你們的關係，或者在他的臉書留下曖昧親密的公開留言，所有的留言會在第一時間被刪掉，或者引發一輪爭吵。

不要怪他，是妳選擇了做補心人。請盡職盡責做下去。

守則三：請永遠甜蜜忠實，最好不要出任何一點錯。

妳要明白，對方的愛剛剛被消耗殆盡，他沒有能量原諒容忍妳。任何的事情，地上的頭髮都可能引發一場大戰，更不要提其他缺點。脾氣、性格，每一個真實的妳都可能是你們分手的理由，如果妳毀了什麼，弄壞了什麼，則會是巨大的不可原諒的錯。

請原諒他。他也不想這樣。

守則四：不要和前任至愛比較，甚至跑去見面談話。

怎麼比？怎麼比得過？怎麼會笨到和她比？

在妳天真自大，忘記第一條守則之後，跑去告訴前任妳和他在一起，妳很可能會被第一時間甩掉。妳連哭都不用哭，因為他不會可憐妳。

守則五：保持樂觀，天天向上。

不是沒有希望，日久天長，日日夜夜溫情相擁，遲早會發生化學變化。

三毛七個月之後，三毛和補心人荷西結婚了，但第一次她對荷西說愛，是結婚六年後突然醒來的某個晚上。

遲早會有一個晚上，他會明白確定妳變成了他的至愛，但之前的那些漫漫長夜，請妳繼續當個好的補心人，堅持守則，小心沒有補好對方的心，把自己的心也弄碎了。

守則六：不要孤注一擲。

就算把每條守則都做好，妳仍舊有可能補心失敗。

千萬不要傾家蕩產，無論是物質上或者精神上。

這可不是做了一場惡夢醒來那麼簡單，妳的整個人生說不定會就此改變。

如果妳已經做了炮灰，心碎離開，這個時候，請相信他愛過妳。

那麼多的日日夜夜，分分秒秒，總有一剎那，他是愛妳的，總有一瞬間，他想和妳好好的一直過下去。

妳應該保持大方有風度，沒有誰欠誰，妳也曾經踐踏了別人的心，今日一劫，全當報應，看清形勢，不怨不恨。

誰讓妳看不清楚，頭腦發熱，忘記自己是個補心人？

誰讓妳笨，誰讓妳天真，誰讓妳自大？活該。

妳縮在牆角，一邊自救一邊等著自己的補心人。

請繼續閱讀補心人守則，然後告訴他：

親愛的，我不想重複糾結一切，也不想傷你的心。

我的心情還沒安定，感情還亂七八糟。

如果你執著入場，我會謝謝你；但如果我做了什麼，請不要怪我。

然後妳嘆了口氣，徹底原諒了妳之前試圖補心的傢伙。

擁抱 4/12

抱緊我，愛就不會走。

某男生發問：「妳最在意男生的哪個部位？」
她想也不想，回答：「手臂。」
他意外：「多數女生會說眼睛或者胸膛。」
她說：「可以讓我笑和緊緊擁抱，這是永遠不變的兩條。」
相貌身材不重要，和帥的交往，他的時間都用在修飾自己身上，哪會好好愛妳？
身家地位更不重要，就算是比爾蓋茲，不愛妳，就是路人甲乙丙丁。
半夢半醒之間，伸出手臂求抱，隨即被緊緊抱住。
這才是真的。
走遍千山萬水，知道有人愛妳護妳，為妳在那裡。
這才是真的。
分手後懷念，是因為最後一夜，他還是緊緊擁抱，軟言好語。
就算人在身邊，就在一個房間，卻開始講話變少，不再擁抱。
偶爾有一夜對方睡著了，在黑暗中纏了過來，將她緊緊抱住，撫摸她的手臂，親吻她的臉頰。她被意外的溫柔完全驚醒，在黑漆抹烏的房間瞪大眼睛。

這一剎那，一切回到從前。

初識，彼此都有無限耐心、溫柔、深情。

她幾乎要流出淚來。

原來只要一個擁抱，她就可以完全忘記與原諒，覺得開心喜悅。

原來，還愛。

早上他醒來，她興奮的說：「你昨天晚上抱我了。」

他轉過身，冷背以對：「我睡著了。想不起來。」很快又睡著了。

4/13 河馬女的夢

每個人心裡都有一個河馬女，
期望某天醒來，就可以發現自己的長頸鹿。

在「馬達加斯加」2裡，長頸男以為自己快死了，跑去找河馬莉表白。河馬莉正在和強壯的河馬男 Motomoto 約會，她問：「你為什麼喜歡我？」Motomoto 一邊跳舞一邊說：「嗯……嗯……妳的身材很好。」長頸男傷心離開，對 Motomoto 說：「如果我像你一樣幸運，我每天都會送花給她，不是隨隨便便的花，她最喜歡白色的蘭花。她喜歡在床上吃早餐，六片小麥吐司，兩面都要塗黃油，吐司切邊，她喜歡這麼吃。她哭的時候，我會借她一個可以依靠的肩膀，成為她最好的朋友，每天都想著怎麼讓她歡笑。她有著世界上最好聽的笑聲。如果我是你，我會這麼做。」

看到這裡，我對著電視嚎啕大哭，又微笑落淚。

白色蘭花，雙面黃油的小麥吐司，更別說全世界都知道河馬莉的笑聲多恐怖多難聽。

他知道妳是誰，喜歡什麼，討厭什麼，妳的缺點，在他眼中卻是可愛的優點。

這是最理想不過的愛情了。

戀愛的時候，妳難免問：為什麼喜歡？

外貌身材教育背景職業家庭等等眾多因素，加起來，妳得到了一個分數，戀愛這件美好的事情淪為各取所需，彷彿商業談判，一項不和，合約取消。

他不用愛上妳的靈魂，這境界太高級，我們承受不起；只要他肯包容妳的缺點，就已經很了不起了。

如果他會用心逗妳笑，生死承諾，不離不棄……

呃，醒醒吧，少女。

河馬莉終於覺悟，在火山祭壇上救起長頸男，生死一線間，說：「我走了半個地球尋找一個約會，原來最好的人就在我的旁邊。」

眾裡尋他千百度……懶得掉書袋了，就那個意思，妳懂的。

4／14 普通朋友

不能只做普通朋友，因為感情已經那麼深，因為無法放手。

某天，A小姐試探問了：「如果我們分手，之後還可以做朋友嗎？」對方難得嚴肅回答，「如果我還愛妳就不可以。」

B小姐有個深愛的初戀情人，十年前的戀人如今已成人夫。他們分手後，沒有再見過面，沒有再說過話。身邊的人來來去去，能交心的知己卻沒有幾個。午夜夢迴想起他，她終於發訊息問他：「我們當個互相關心的好朋友，好嗎？」半天之後他才回答：「還是活在記憶裡比較好。」

C小姐每年的重要日子，生日、聖誕節、情人節、新年，都會收到前男友寄來的郵件和禮物，可能是一張CD，或者價格不菲的首飾。都是她說過喜歡的。他到今天還記在心上。

某一天，她心血來潮，回信，「你承諾過的不能實現，我也不會怪你，畢竟你一直都能讓我笑，對我好。我們還可以做朋友啊。」

他死活不和她見面。

分手時，大概都會面臨這個問題。

還能做朋友嗎？

如果還愛，就不可以。

一舉一動總在心上，手臂輕觸也是天大的事情，相視一笑就溫情回歸難免想要擁抱，肢體接觸更會世界大亂。

前程往事，當下種種，真的不能再在一起了。

為了不要再次犯錯，還是連朋友也別做了吧。

兩方有情，朋友是不該做的；一方有情，局面更尷尬委屈。

你款款描述對她的深情，我暗自吞下一口又一口的血與淚，你可能還得再聊幾個。

你抱怨她的種種缺點，我的心蜷縮成一團——為什麼她那麼糟糕，你卻不肯要我？

心會為了你熱漲冷縮，怎樣才能裝作沒事，和你做朋友？

演技要求太高，不如直接放棄。

直到不傷了，不愛了，大概才能繼續做朋友吧。

4/15 戀愛第一天

純真色彩總是，永遠，那麼，燦爛。

第一次在人群中看到對方，開口說的第一句話，第一次電話，第一次點頭，第一次靠近，第一個吻，第一次性愛，第一次說想念，第一次說愛戀。

戀愛到了這裡，算你是在戀愛的第一天。

第一天，你渾身的每個細胞都充滿了意外和狂喜。為什麼會遇到他？他是那個人嗎？為什麼我這麼幸運？這裡有成百上千的人，為什麼他會喜歡我？為什麼老天這麼好？為什麼會有一個人肯懂我愛我？

嘴唇不自覺上翹，眼睛放光面帶微笑，和別人講話都格外快樂喜悅：真的嗎？太好了。

想念的頻率這樣高，這個人揮之不去，在妳空閒的第一秒搶進來享用妳的腦細胞。妳會打電話，對方接起來，妳卻不知道說什麼好，停頓了一下，只好承認：好吧，我想你了。

第一天，甜蜜從心臟流到四肢，雙腳離地，沉浸在意外的狂喜中，覺得對方是天下掉下來最驚奇最意外的禮物。

戀愛到了第二天，不知道是哪一方開的頭，開始探討彼此的關係。

我是你的唯一嗎？你的過去？你愛我嗎？你會永遠愛我嗎？我們可以有未來嗎？你打算生活在哪裡？你會煮東西嗎？

妳逐漸知道，對方不是一直在那裡等妳，他有過去現在，閃爍其詞和毫不掩飾，妳選一個吧。

你愛我就應該多陪我，你愛我就該讓我笑，你愛我，有我你就夠了，是不是可以不與別人約會了呢？

永遠在我身邊，接受我生氣不好的時候，在我疾病窮困的時候也不離開我？請接受一兩次我的小脾氣，聽我講幾個我的缺點。

你想要穩定下來嗎？你想要結婚生孩子嗎？你可以離開你的家人朋友和城市，搬來我的城市嗎？我喜歡在家吃東西，我喜歡在洗手間看電腦一兩個小時，你不會覺得過分吧？你會燙衣服嗎？你可以不出去和你朋友玩，陪我嗎？

這些問題很合理，邏輯清楚正常。

戀愛到了第二天，恭喜妳終於雙腳著地，把禮物帶回人間拿在手心。

愛是無敵的藉口。如果你愛我，你會，你應該。

遺憾走上眉梢代替了喜悅——原來他是這樣的。

妳開始微微抱怨——為什麼你不肯做這個？

戀愛的第二天，妳略帶惆悵坐在那裡，回想第一天的不顧一切的狂喜和飛奔。

戀愛的第三天、第四天、第五天……

如果妳夠幸運，對方還在，妳看到對方的臉，偶爾會覺得安全欣慰，曾經天上掉下來的禮物，終於已經和妳血肉相連。

請好好回憶第一天。

為什麼那麼喜悅？因為妳不敢相信他是妳的，他是天上掉下來的奇蹟。

最好每一天都像是第一天。

4/16 依賴

賴你不如賴自己，喔喔，耶耶，幸好賴你不會變成你。

「小時候逃學去旅行，錢用光了，同行的小男生把珍貴的郵票拿去賣。我唯一能做的事情就是站在街口等他回來。那個時候沒有手機，我一直等，卻有著無限的信心，相信他會帶著我們的旅費回來。直到現在，我都記得那個瞬間。他是我全部的希望和依賴。」

她緩緩的回憶，淡淡的訴說。

「長大之後，約會過，交過男朋友，卻一直記得那個小男生。我沒有他的聯繫方法，只聽說他已經結婚了，孩子也生了。有機會，我會打給他，謝謝他曾經給我的保護依賴。」

長大之後，感情除了愛，還有很多東西。

彼此都被人生課堂教育得成精成仙，百分之百信賴和依賴的關係，沒有個十來年，怎麼可能有？很多夫妻尚且互相懷疑猜忌，何況戀人。

不再有少年情意，男人不會把全部身家拿來換成妳的一次旅行。

信賴依賴，覺得他是全部，只會感情落空，內外是傷。

一次兩次，乾脆把自己藏起來，你是我的愛，不是我的生活，我的生活，得靠我自己好好走，再遇到這樣的事情，反而會躲得遠遠的——第一擔不起，第二傷不起。

為了永保安康，我對男人的要求只有兩條：緊緊擁抱，可以讓我笑。

精神物質，我都不再依賴對方，感情上預留一份清淡空白，避免被愛情這把雙面刃反傷。

除了戀人之外，還要有一份職業兩三興趣四五好友，自給自足，但求見面時喜悅開心，悲傷時有人緊緊擁抱。

有你，很好很好，沒有你，我也能很好很好。

小時候讀到席慕容的詩，十幾年之後再讀，依舊動容。

《滄桑之後》席慕蓉

滄桑之後　也許會有這樣的回顧

當你獨自行走在人生的中途

一切波濤都已被引進呆滯的河道
山林易變　星光逐漸熄滅
只留下完全黑暗的天空
而我也被變造成
與起始向你飛奔而來的那一個生命
全然不同
你流淚恍然於時日的遞減　恍然於
無論怎樣天真狂野的心
也終於會在韁繩之間裂成碎片

滄桑之後　也許會有這樣的回顧
請別再去追溯是誰先開始命運屈服
我只求你　在那一刻裡靜靜站立
在黑暗中把我重新想起

想我曾經怎樣歡喜的向你飛奔而來
帶著我所有的盼望所有的依賴　還有那
生命中最早最早飽滿如小白馬般的快樂
還有那失落了的山巒和草原　那一夜
桐花初放　繁星滿天

4／17 理想、夢想與幻想

記得不要生吞蚯蚓。

「我希望他長得像裴勇俊或者李彥宏。身高必須一八〇以上，名校或者海外學院畢業，國營企業高管或者政府官員。年收入一百萬。」她很堅定，「我不覺得我的要求太高。我覺得我的條件很好。」

說話的女性，是一位身材矮小臃腫，笑的時候眼角有皺紋並露出黃色牙齒的三十六歲高齡剩女。

也有這樣的男人。

例如我面前的某男拿出一疊女明星照片。

「范冰冰這種不要，下巴太尖，要有福氣的那種，劉若英好一些。最好出國讀過書。身高一七〇，我就喜歡這麼高的。要聰明，要溫柔，有穩定的工作和收入，家庭好當然是最好，我對鄉下的女孩沒興趣……」

說話的男人來自鄉下，是個月薪兩萬出頭的服務生，沒有娛樂生活，不會逗女孩子笑，連約會去哪裡都要問朋友。

有的男性其貌不揚，卻告訴妳：「我要事業好的，年薪百萬以上的美女。」說完之後還補一句，「如果事業很好，年紀大一點也可以。」

以我聽過的故事，當事人以及他們不可能的期許要是說出來，估計會驚動武林轟動萬教。

能說什麼呢？直接告訴對方是在做白日夢？或者扔出專業術語：你患有自戀型人格障礙？

對這種人，最快速的處理方法是，把他們丟進自己的夢裡。

他期許一個劉若英一樣的女子，就讓他和長得像劉若英的人見面；她要一個年薪百萬的男人，就讓她去一個百萬年薪男人的聚會。

一般來說，最後只有兩種結局：調整理想，或者調整自我。

調整理想就是讓客戶高唱夢醒時分，捶捶心肝結束，但大部分，我會鼓勵他們調整自己，也就是自我提升：讀書、深造，找更好的工作，或者減肥整容，把自己變成理想對象可能會喜歡的對象。

我親眼看過很多案例，堅持自我提升之後，在正確的機會及引導之下，皆大歡喜的收場：一個體重破百的三十三歲女 Sales 一邊努力減肥一邊四處相親，終於找到了自己的白馬王子，兩個人門當戶對，年紀相仿，他體貼溫柔，剛買了一間八百多萬的房子。

有夢想，不應該被嘲笑。

期望得到更好的事物，更好的對象，更好的生活，從這個角度來說，誰都是體重破百的三十三歲女Sales，只是大膽狂妄不知天高地厚的程度不同。

從另一個角度來說，我們也沒有她那麼執著那麼有勇氣，全心投入，設計尊嚴和人格去尋找自己深信的東西。

心懷夢想，全力爭取，即使被別人嘲笑也沒有關係。

4／18 戀人隨筆

分享寂寞的戀人啊，試著辛苦的去了解。

兩個人在一起，一定會有摩擦。

管好妳的嘴——任何氣話狠話重話瘋話，都不要脫口而出。一味指責羞辱對方一邊大罵一邊不負責任表示要結束這段感情。妳真的愛他嗎？妳知道妳的行為連普通朋友都不如嗎？普通朋友都知道要照顧對方感受，誰給了妳權利肆無忌憚傷害對方？那個剎那，妳不是愛他的人，而是對他最差的人。說過的話，不是肥皂泡在空中飛飛就破了，對方會記在心裡，想忘都很難，如尖刀一樣，日日戳啊刺啊挖啊鑿啊，即使合好了也始終是一道疤，陰雨天就會隱隱作痛。

如果妳很憤怒，建議閉嘴，明天的這個時候再談。

如果必須談話，用寫郵件的方式，寫完之後也不要馬上發，放著，一個小時之後再看，修改刪除語氣不好的詞，如果還覺得要發，再發。

記得，開頭加上寶貝，結尾簽上愛。

最不開心的人，是只盯著別人缺點，看不到別人優點的人。

妳有一雙銳利的眼睛，善於發現缺點，這在戀情中通常不是好事。

我懂，妳很有道理。

選錯伴侶很可怕，當然要睜大眼睛觀察。

這次作風不好，下次太過虛榮，下下次不夠溫柔，下下下次是撒謊，下下下下次說重話，下下下下下次安全感不夠……

對方的優點呢？

把注意力全部放在缺點上，放大放大再放大，然後糾結，這樣的人，一輩子找不到適合的對象。

哪裡有完美的戀人？又不是量身訂做的機器人。

把對方的優點寫下來，每次看到一個缺點，就把對方的優點讀五遍。

不要讓缺點變成雪球。用溫和的方式告訴對方，然後結束這次討論。

如果妳堅信他是個撒謊的人，他說什麼妳都覺得是撒謊。

如果妳堅信他不夠溫柔，他說什麼做什麼妳都會覺得很兇惡。

謊言重複一千遍，就成了真理；原本的小缺點，被妳變成了無法調和的矛盾。

人生苦短，何必非要盯著缺點，把自己變成一個不快樂的人？

控制狂、窺探狂都不是最糟糕的，最糟糕的戀人，是死也不道歉的戀人。

所有的錯都是別人的，所有人都一堆缺點，自己都是對的。每次出現問題，從來不想自己做錯了什麼，只覺得對方這裡不好那裡不好。對方敘事不明，對方態度不佳，對方愛慕虛榮……

直接告訴他，妳不是萬能的天神，能把什麼都做得很好。

回想一下妳做錯的地方，向對方道歉，也請他停止指責。

「沒有人想要一個總是說自己不好的男朋友。」坦白這樣告訴他。

愛，應該要能讓妳更好更美更開心才對。

4／19 愛情，一路長大

一路長大很健康，
一夜長大就很悲傷了。

小時候不懂愛情，談一場戀愛下來，人變得隱忍溫柔，卻元氣大傷。

用最低調的姿勢想念，明明望眼欲穿，卻僵在那裡，倔強，任性，轉身就走。對方不知道妳心裡的百轉千迴，直到多年之後，連妳自己也忘了，除非翻開日記，讀到少女情懷，一邊微笑一邊搖頭。

接下來，認定人性本賤，妳變成了遊戲專家，一週可以和七個不同的男生約會，這個吃飯那個看電影，沒有愛，卻很快樂很開心。妳想看更大的世界，恨自己像是一張白紙，踩著高跟鞋想走遍五湖四海，不給也不要承諾，能讓妳笑一秒鐘就會道謝，然後還是轉身就走。

運氣好戀愛一次，世界閃閃發光，第一次知道兩個人可以依賴親近快樂至此，誰知道散場之後，不能回頭，也很難往前走。

日子總要過，於是接著約會接著沉迷，總結教訓自我提升，乾脆去考了個文憑，把戀愛當成學問研究——連戀愛都有規律可循，想必情變也有挽回餘地。

等到見過各色人等，各種遊戲戀愛技巧也親身感受見聞一遍，愛情反而開始變得非常簡單。

認真專一，甜蜜可愛，一段時間只和一個人交往，在正確的時間點述說思念或者抱怨，不會自己糾結。妳會尊重保護對方的感受，不玩神秘，也不再處處牽著人家的鼻子走。妳會讓步，會道歉，會照對方的意思做，妳會主動示好，買禮物煮食物，甜言蜜語緊緊擁抱，做任何讓他高興的事情。

擁抱那些讓妳笑的人，遠離那些帶來負面情緒的因素，絕不會自討苦吃，有什麼事情不高興，對方不在意或者不聽，隨即走開。

因為沒理由自討不開心，分手可以分得非常平和，午夜醒來內疚後悔遺憾流淚的事情，再也沒有發生過。

年齡漸長，愛情也一路長大，到了如今，一定要形容，大概是十二個字。

聰明漂亮，開朗明快，認真開心。

世界變化快，下一步去哪裡，不知道；但看著其他朋友跌宕起伏，不打電話生氣，打電話更生氣，當下的日子，只能說安和美好。工作感情朋友生活，沒有一件事情可以抱怨——或者不滿意但不抱怨。

去忙點別的事情吧，世界還有很多好東西呢。

4／20 神秘女郎

她總是只留下電話號碼，從不肯讓他送她回家。

「我永遠不會讓他知道我的底牌，在我知道他的底牌之前。」她說：「有時候我會輸，但我通常贏得更多。」

她是我書裡的一個人物：擅長玩牌，願者上鉤的神秘女子。

她從來不寫部落格，更不會告訴男人她在想什麼，因為男人本賤，親近了就容易輕蔑。

誰能保證妳的真命天子不犯賤？

人之初，性本賤。

可是，要保持神秘多久？

外國人說起理想愛人，喜歡用靈魂伴侶（soulmate）來形容——一個完全懂妳的人。我很贊同，真正的愛人應該也是妳最好的朋友，他明白妳為什麼開心，為什麼不開心，妳的朋友就是他的朋友，妳的世界就是他的世界。

《麥迪遜之橋》銷量大好。也許一定程度上，他們確實「性」趣相投，可是，剛剛認識的陌生人，他知道她喜歡吃什麼嗎？她知道他最開心的事情是什麼嗎？他們真的可以同感受，共進退嗎？

一個男人，被一個女人漂亮的外表和神秘的作派挑起了征服慾，開始這場追逐——女人是否應該滿意於這樣的愛情？

在鬥智鬥勇之後，女人終於得到了足夠的矜持和重視，也讓男人付出了足夠的入場券，你們終於開始慢慢了解對方，卻發現很多事情都是雞同鴨講——當然，也有皆大歡喜收場的。

「愛情就像賭博。」神秘女郎說。

類似的作法我也玩過幾年，對方的簡訊第二天才回，打來的電話通常不會接，而且越重視越喜歡的人，玩得越厲害——才不會讓你吃定我。

後來我才發現，好的戀愛不是玩得一手好牌，成功讓對方圍著妳轉，而是相處時難得的理解明白。前面的遊戲階段花太多心思，最後很可能他付出重大代價追到妳了，卻驚訝發現你們是兩個世界的人。

後來我變成了寫部落格的女人，喜歡什麼、不喜歡什麼、對什麼入迷、對什麼過敏，清清楚楚。

喜歡的會和我做朋友，不喜歡的轉身就走。大家都不用浪費時間，很多人約我吃飯喝咖啡，然後觀察我的言行舉止背景思想，每天晚上要應付這些事，會殺死我很多腦細胞的。

結語

流淚的耳朵

有些讀者可能還不知道，我是個婚姻諮詢師。

第一次覺得我做不了這行，是我在諮詢室裡和來訪者一起痛哭，對方談到傷害痛苦，我睜大眼睛，淚流滿面。

「妳年輕快樂，有過什麼苦難遭遇？懂得多少生活？妳憑什麼去督導別人的人生？」

我常常被質疑。

大多數來諮詢的人士，第一需求是被傾聽被理解，第二需求是處理問題。

不好的事情有很多種，但好事則相差無幾。我所能做的，就是傾聽理解，發現事件後面的積極正面力量，列出解決問題的方式，實施，之後檢查，之後重複。

同時，公司知人善用，給我的客戶大多是絕望單身、約會技巧、關係恢復、戀愛分手、快速約會等等方面，某些方面——例如減肥，我還可以客串客座專家。

每次確實幫助了別人，我都深感欣慰，鼓勵自己繼續好好工作。

這一半年來，深深體會到的是：生活確實比任何小說都離奇殘忍。

一方面是工作聽聞，另外一方面，是來自我的真實生活。

我想，一方面是因為我的職業，一方面是因為我現在確實有了傾聽的習慣。

總之，這一陣子遇到的人，無論男女，都很快和我建立了親近與信任關係，告訴我了一些他們從沒有告訴過別人的事情。

聽了很多事情，有的時候，我和對方一起讚嘆唾罵，有的時候，對方輕描淡寫的講，我面無表情卻暗自心驚，或者乾脆很丟臉的一把鼻涕一把眼淚。

工作遇到的案子還有退路，下班之後健身吃飯，回到我的生活，下次諮詢的時候再說；身邊的朋友卻常常讓我唏噓氣短，夜不能寐，偏偏他們信賴我，有什麼事情，總是會講給我聽。也只講給我聽。

有些時候，我可以做些事情，最普通的NLP治療、情緒疏導，可以用在很多地方；最怕的是有些時候，對方只是需要一雙耳朵。

這種案子，一般已成定局，對方在闡述的時候，並沒有尋找改變的動機。對此，身為諮詢師的我是無能為力的。如果這個案子再離奇曲折一點，我就會變成生活在童話世界的孩子，走出門，遇到了一個街邊剛吃飽的乞丐——對方非常強大，有條有理，充滿生活智慧，並堅信這樣很好。

我描述的美好，對方完全不感興趣，所以我也沒有辦法說他是不好的。每次遇到這種情況，往往是人家講完走人，我坐在那裡分分秒秒日不能食夜不能寐，尤其對方是朋友親人時。

我會深呼吸好一陣子，在房間走來走去，半夜煮東西吃，再難過一點，可能就會變成一雙痛哭的耳朵，吃兩片安眠藥才能入睡。

我從來不會用「抑鬱症」、「酗酒症」、「〇〇症」來界定發生在任何人身上的事情。有了「〇〇病」這個盾牌之後，很多人會縱容原諒自己的行為，我沒有任何問題，只是在某個過程某個階段，進行這樣的一個行為而已。

但，妳必須知道，這個行為讓妳逃避了一些東西，也許它帶給了妳一些安全和快樂，但這樣的安全和快樂是假的。

最後，重申一次：在妳沒有強烈改變動機的情況下，諮詢師是做不了任何事情的。

我唯一能做的，大概是多看些和妳相似情況的案例，多了解，或者向更資深的督導老師求助。

當然，如果妳不需要，我不會提，更不會主動建議。

如果妳覺得妳現在很好，做為妳的朋友，我尊重妳的生活和生活方式，我也希望我可以做一些讓妳開心的事情。

至少，每次妳想找我說話的時候，我永遠會在。

忠實的，流淚的耳朵。

國家圖書館出版品預行編目(CIP)資料

情人的情人 / 邰敏著 . -- 第一版 . -- 臺北市：
樂果文化出版：紅螞蟻圖書發行，2015.06
面；　公分 . --(樂繽紛；20)
ISBN 978-986-5983-97-0(平裝)

1. 女性 2. 兩性關係 3. 生活指導

544.5　　104007680

樂繽紛 20
情人的情人

作　　者／邰敏
總 編 輯／何南輝
責任編輯／韓顯赫
行銷企劃／黃文秀
封面設計／鄭年亨
內頁設計／申朗創意

出　　版／樂果文化事業有限公司
讀者服務專線／(02)2795-3656
劃撥帳號／50118837 號　樂果文化事業有限公司
印 刷 廠／卡樂彩色製版印刷有限公司
總 經 銷／紅螞蟻圖書有限公司
地　　址／台北市內湖區舊宗路二段 121 巷 19 號(紅螞蟻資訊大樓)
電話：(02)2795-3656
傳真：(02)2795-4100

2015 年 6 月第一版　定價／220 元　ISBN 978-986-5983-97-0